Mit bester Empfehlung

Inhaltsverzeichnis

www.museumsguide.at

ICOM Österreich fördert die Umsetzung der UN-Nachhaltigkeitsziele in den Museen.

Mit den 17 UN-Nachhaltigkeitszielen („Sustainable Development Goals") können die Museen zur Bewusstseinsbildung und zur nachhaltigen Transformation unserer Gesellschaft auf ökonomischer, sozialer und ökologischer Ebene beitragen. Für eine Welt, die allen Menschen ein würdevolles und chancenreiches Leben ermöglicht. Eine Welt, die unseren Planeten durch verantwortungsvollen Konsum und nachhaltiges Wachstum schont und lebenswert macht. Eine Welt ohne Armut, Hunger, Ungerechtigkeit, Ungleichheit.

Sowohl auf individueller als auch institutioneller Ebene können wir gemeinsam einen Beitrag zu einer nachhaltigen Entwicklung unseres Planeten und zur Sicherung unserer Zukunftsfähigkeit zu leisten. Auch das Österreichische Museumsgütesiegel schreibt in seinen Kriterien Maßnahmen zur Förderung von Barrierefreiheit und Inklusion vor. Es versteht das Museum als gesellschaftlich relevanten Lernort, an dem Dialog, Austausch und auch Diskussionen ermöglicht werden. Das Museum stiftet Identität und muss daher allen Menschen offen stehen. Eine barrierefreie Zugänglichkeit bedeutet, das Museum so zu gestalten, dass Sammlungsobjekte, Inhalte und Ausstellungsräume unabhängig von Alter, Geschlecht, Religion, Herkunft, sozialem Status, physischer oder psychischer Beeinträchtigung erfahrbar sind.

Danksagung

Für ihr großes Engagement und ihre Mitwirkung danke ich vielen Wegbegleiter:innen
Germanos Athanasiadis, Herausgeber; er hat sich auf das Wagnis und die Herausforderung des Projektes eingelassen.
Erich Danneberg, Projektleiter; er hat in zahlreichen Überzeugungsgesprächen einen wichtigen Beitrag geleistet.
Werner Hascher, Projektleiter; ein Gespräch mit ihm war die Initialzündung und Inspiration für das Konzept.
Martin Essl, Essl Foundation, für seinen unermüdlichen Einsatz, die Kunst allen Menschen zugänglich zu machen, und für sein Vertrauen in mich.
Bettina Leidl, Vizepräsidentin ICOM Österreich, die mit ihrem persönlichen Engagement einen wichtigen Beitrag leistet, Österreichs Museen inklusiv und nachhaltig zu machen.
Elke Kellner und Jasmin Ofner, ICOM Österreich, für ihr tatkräftige Unterstützung bei der Ansprache der Museen und der Aufarbeitung der Daten.
Lilo Werbach, für ihre wunderbare grafische Umsetzung und ihr konstruktives Mitdenken.
Christoph Almassy, für seine Layoutentwicklung und Strukturierung.
Karolin Galter für ihre redaktionelle Unterstützung.
Und nicht zuletzt den zahlreichen Gesprächspartner:innen für ihre Expertise und Unterstützung.

Doris Rothauer

Zero Project

ICOM international council of museums Österreich

Orientierung im Guide

Lieber Leser,
liebe Leserin,

so finden Sie sich im Guide zurecht:
Die Museen sind nach Bundesländern geordnet und innerhalb der Bundesländer nach dem Alphabet.

Jeder Museumseintrag gliedert sich in folgende Informationsblöcke:
- Ein kurzer Steckbrief mit Adresse, Öffnungszeiten und ermäßigtem Eintritt
- Eine kurze Beschreibung des Museums sowie Kontaktangaben
- Angaben zur physischen Barrierefreiheit und Zugänglichkeit zum Gebäude und im Haus
- Wie Informationen und Inhalte für unterschiedlichste Bedürfnisse aufbereitet sind
- Welche zielgruppenspezifischen Vermittlungsformate, v.a. Führungen und Workshops, angeboten werden.

Der QR Code auf jeder Museumsseite führt zu einer eigenen Website, wo der gesamte MuseumsGuide als Datenbank online und barrierefrei zur Verfügung steht.

Im Anhang des Guides finden sich alle Informationen nochmals als Listen zusammengefasst. Sie ermöglichen es, anhand von Icons auf einen Blick zu sehen, was Österreichs Museen anbieten:
- Informationen zur Barrierefreiheit sind mit grünen Icons angegeben. Ergänzend dazu verweisen die roten Icons auf das Museumsgütesiegel sowie den Kulturpass, der gratis Eintritt ermöglicht.
- Informationen zu Spezialangeboten sind nach folgenden Kriterien zusammengefasst:
  - Angebote in Leichter oder Einfacher Sprache
  - Angebote für Menschen mit Sehbeeinträchtigungen
  - Angebote für Menschen mit Hörbeeinträchtigungen
  - Audioguides, Multimedia-Guides, Hörstationen
  - Angebote für Demenzerkrankte

Viel Freude beim Lesen!

Vorwort

Kunst und Kultur für alle zugänglich und erlebbar zu machen ist auf dem Weg zu einer inklusiven Gesellschaft eine zentrale Zielsetzung für Museen. Als Orte der Begegnung sind sie gefordert, sich aktiv mit Barrierefreiheit, inklusiver Vermittlung und Design für Alle auseinanderzusetzen.
Die Mehrheit der österreichischen Museen ist nicht nur barrierefrei ausgestattet, sondern bietet unterschiedlichste inklusive Informations- und Vermittlungsformate an. Allerdings sind diese Angebote oftmals nicht ausreichend bekannt, und es fehlte bisher ein umfassender Überblick. Mit dem vorliegenden Guide wird die Informationslücke zwischen Angebot und Nachfrage geschlossen.

ICOM Österreich hat alle Museen, die mit dem österreichischen Museumsgütesiegel ausgezeichnet sind, eingeladen, ihre Daten zur Verfügung zu stellen. Grundlage der Datenerfassung war ein strukturierter Fragebogen, erstellt auf Basis internationaler Guidelines und gemäß den Kriterien des Österreichischen Museumsgütesiegels, wo Barrierefreiheit und Inklusion bereits ein wichtiger Bestandteil ist. Manche Museen haben ein breit gefächertes Vermittlungsangebot, andere wiederum können derzeit nur die barrierefreie physische Zugänglichkeit für alle Menschen sicherstellen. Aber auch das sind wertvolle Informationen. Und vielleicht können wir mit dem neuen Guide die Museen sogar ermutigen, ihre Angebote zu verbessern und auszuweiten, um den Besucher:innen weitere inklusive Museumsbesuche zu ermöglichen.

Bettina Leidl
ICOM Vize-Präsidentin
Direktorin Museumsquartier Wien

Gut zu wissen

von Doris Rothauer

Die transformative Kraft der Kunst

Die Weltgesundheitsbehörde WHO mit Sitz in Genf betreibt ein Programm unter dem Titel „Art & Health", also Kunst und Gesundheit, das sich mit den positiven Auswirkungen von Kunst auf unser mentales, physisches und soziales Wohlbefinden beschäftigt. Der Leiter des Programmes ist Christopher Bailey, dessen Karriere ursprünglich als Schauspieler begann, ehe er in die Forschung wechselte. Er und sein Team finden immer mehr wissenschaftliche Belege und Beispiele, wie die Teilnahme an Kunst und Kultur Menschen Orientierung gibt, ihre Handlungsfähigkeit stärkt, ihr Wohlbefinden steigert und ihr Selbstwertgefühl erhöht. Bailey weiß aus eigener Erfahrung, wovon er spricht.

Als er vor nicht allzu langer Zeit aufgrund eines Glaukoms über 95% seiner Sehkraft verlor, war es mehr als nur ein physischer Verlust. Er fühlte sich emotional aus der Welt verbannt. Es gelang ihm zwar, eine alternative räumliche Welt um ihn herum zu schaffen. Aber erst die Auseinandersetzung mit Kunst verschaffte ihm ein neues, sinnstiftendes Lebensgefühl.

Menschen im Rollstuhl bei einer Führung

Ein Tastrelief neben dem Originalbild

Eines Tages lud ihn das Museum of Modern Art in New York ein, an einer Podcast-Serie über die Wirkung von Kunst teilzunehmen. Er sollte über Claude Monet´s Bild „Wasserlilien" sprechen. Er reagierte zunächst skeptisch, nahm aber dann die Herausforderung an. Zu seinem Erstaunen stellte er beim Betrachten des Bildes fest, dass Monet tatsächlich so malte, wie er, Christopher Bailey, durch den Glaukom-Schleier sah, und dass die Art, wie er die Welt sah, als schön empfunden werden konnte.

„Wenn ich mir die Wasserlilien ansehe, erlebe ich ein Gefühl der Vollständigkeit. Oberfläche, Tiefe und Reflexion verschmelzen miteinander, so wie Vergangenheit, Zukunft und der gegenwärtige Moment eins werden. Ich habe erkannt, dass ich nichts verloren habe. Ich fühle keine Angst oder Furcht. Ich schwelge einfach in der Freude an der Farbe und feiere den gegenwärtigen Moment. Das ist für mich die heilende Kraft der Kunst."

Das Recht auf Kunst und Kultur

Während der Corona-Pandemie haben wir alle durch die Schließung von Kulturinstitutionen erfahren, was uns fehlt, wenn wir Kunst und Kultur nicht genießen können, wenn wir keinen Zugang zu ihr haben: Wir spüren einen Mangel an Inspiration, an Kreativität, an Freude, Glück und Hoffnung. Wir werden ängstlich, unsicher, hoffnungslos und sogar depressiv.

Kunst und Kultur sind wesentliche Säulen der gesellschaftlichen Entwicklung und kulturelle Teilhabe ein grundlegender Bestandteil der menschlichen Erfahrung. Deswegen ist der Zugang zu Kunst und Kultur für alle Menschen so wichtig, deswegen darf niemand ausgeschlossen werden. Dieser Grundsatz findet sich bereits in der Allgemeinen Erklärung der Menschenrechte von 1948: „Jeder Mensch hat das Recht, am kulturellen Leben der Gemeinschaft frei teilzunehmen, sich der Künste zu erfreuen und am wissenschaftlichen Fortschritt und dessen Wohltaten teilzuhaben." Dennoch wird in der Realität gerade Menschen mit Behinderungen die gleichberechtigte Teilhabe erschwert. Sie sind mit physischen Barrieren konfrontiert und erleben soziale, intellektuelle oder kommunikative Einschränkungen, die ihnen den Zugang zu Inhalten und Informationen erschweren.

Barrierefreiheit und Inklusion im Museum

Der uneingeschränkte und gleichberechtigte Zugang zu Kunst und Kultur wird mit den Begriffen „Barrierefreiheit" und „Inklusion" beschrieben.

Barrierefreiheit meint den weitgehenden Abbau oder die Vermeidung von Barrieren, sei es physisch, mental, sozial, interkulturell. Inklusion geht noch einen Schritt weiter und bedeutet Teilhabe für alle Menschen, unabhängig von Geschlecht, Alter, Herkunft, Religion, Bildung oder individuellen Beeinträchtigungen.

Die gesetzlichen Grundlagen dafür wurden in Österreich mit der Ratifizierung der UN-Behindertenrechtskonvention 2008 sowie mit dem Bundes-Behindertengleichstellungsgesetz 2006 geschaffen, das nach einer zehnjährigen Übergangsfrist seit 2016 voll in Kraft ist.

Eine Rollstuhlfahrerin mit ihrer Begleitung

Ein barrierefreies und inklusives Museum zu sein betrifft viele Bereiche und Aufgaben der musealen Arbeit, von der baulichen Zugänglichkeit über die Ausstellungsgestaltung und dem Service-Angebot bis hin zur Kommunikation und Vermittlung. Hinzu kommen die unterschiedlichen Bedürfnisse je nach Art der Einschränkung, die möglichst miteinander verbunden und verschränkt bedacht werden sollten.

- Für mobilitätsbeeinträchtigte Personen etwa geht es um barrierefreie Zugänge mittels Rampen und Lifte, entsprechenden Durchgangsbreiten und Griffhöhen, glatte Unterböden, Unterfahrbarkeit von Pulten und Vitrinen, Behindertenparkplätze und Behinderten-WCs.

- Hörbeeinträchtigte Personen brauchen eine visuelle Umsetzung von Informationen, zum Beispiel in Gebärdensprache, oder auch induktive Höranlagen.

- Für Menschen mit Sehbeeinträchtigungen sollten Orientierungshilfen vorgesehen werden, die mit starken Kontrasten und taktilen Hilfsmitteln arbeiten, sowie andere Formen der Beschreibung und Vermittlung, die nicht nur Fakten, sondern auch Stimmungen miteinbeziehen.

- Bei intellektuellen Barrieren und Lernbeeinträchtigungen helfen Informationen und Texte in sogenannter Leichter Sprache, also kurz und einfach, ohne zusammengesetzte Hauptwörter und ohne Fremdwörter.

Eine Tafel in Leichter Sprache und in Brailleschrift

Für die Umsetzung der unterschiedlichen inklusiven Maßnahmen und Angebote braucht es Ressourcen und Expertisen, die nicht selbstverständlich vorhanden sind und oft nur schrittweise geschaffen werden können. Aber wenn inklusive Ansätze und die Barrierefreiheit konsequent bei allen Aktivitäten von Anfang an mitgedacht und mitgeplant werden, müssen sie nicht zwingend teurer oder schwierig sein, so Jennie Schellenbacher, Kunstvermittlerin im Wien Museum und Gründungsmitglied der ARGE Inklusives Museum. „Wir haben beobachtet, dass sich zwar viel im Bereich Inklusion in der Museumslandschaft tut, aber dass dadurch auch viel ‚Inselwissen' entstanden ist und alle vor ähnlichen Herausforderungen stehen. Wir wollten die Möglichkeit geben, sich mit Kolleg:innen aus anderen Museen über Projekte auszutauschen, über neue Erkenntnisse zu diskutieren, sowie konkrete praktische Erfahrungsberichte miteinander zu teilen.“

Nichts über uns ohne uns

Als Rotraut Krall, zuletzt Leiterin der Kunstvermittlung im Kunsthistorischen Museum in Wien und ausgewiesene Expertin im Bereich Inklusion, ihr Programm aufbaute, holte sie sich Unterstützung von einer blinden Person. Es ging darum, Kunstobjekte in einer lebendigen, empathischen Weise zu beschreiben. Das ist für Kunstvermittler:innen mit zumeist kunsthistorischer Ausbildung nicht immer leicht, weil man ganz anders vorgehen muß als man es im Studium, im akademischen Berufsumfeld gelernt hat. „Ich erinnere mich noch gut an unseren ersten gemeinsamen Besuch im Museum, wo wir ein Objekt für ein Tastrelief ausgesucht haben. Ich habe einige Bilder beschrieben und an ihren Reaktionen gemerkt, was ihr fehlt, was sie braucht, damit sie sich etwas vorstellen kann. Dann muss man es immer wieder tun, die Übung bringt's.“

Der Weg, inklusive Vermittlungsangebote gemeinsam mit der Zielgruppe zu erarbeiten, ist ein relativ junger, innovativer Ansatz. Er ermöglicht es, ein gegenseitiges Verständnis für die unterschiedlichen Wahrnehmungsmöglichkeiten und Bedürfnisse zu entwickeln. Noch einen Schritt weiter gehen Vermittlungsangebote, die nicht nur für, sondern auch von Menschen mit Behinderungen angeboten werden.

„Inklusion in Museen ist ja schon länger ein Thema, aber immer mit der Expertise der vorhandenen Vermittlungskräfte. Unser Konzept ist es, Menschen mit Behinderungen als Kunstvermittler einzusetzen, und ihnen so eine neue Rolle zukommen zu lassen. Menschen mit Behinderungen werden dauerhaft im Museum angestellt. Durch diese täglichen Begegnungen verändert sich das Bewusstsein in der Institution“, so Nils Wöbke, Leiter von capito Mecklenburg-Vorpommern.

Das Interessante dabei: Angebote von Menschen mit Behinderungen werden besonders gerne von Menschen ohne Behinderungen angenommen. Denn die Art und Weise, wie ihr Zugang zur Kunst ist, schafft neue Perspektiven, nicht zuletzt, weil die Vermittlung weniger faktenorientiert ist sondern Raum für Emotionen zulässt.

Das Kunsthistorische Museum hat seinen partizipativen Ansatz im Rahmen eines EU-Forschungsprojektes erweitert und mehrere Behinderungsarten zu einem Entwicklungsteam zusammengeführt. Projektleiterin Rotraut Krall: „Wir konnten dank dieser Vorgehensweise den wahren Notwendigkeiten viel näherkommen, die jeder Mensch mit einer Behinderung hat, und auch der Vielfalt an Notwendigkeiten, die uns vorher nicht bewusst waren. Wir sind viel tiefer in das Empfinden der anderen Menschen hineingewachsen, das hätten wir ohne deren Unterstützung nicht erleben können."

Selbstbestimmter Kunstgenuss durch neue Technologien

Eine Reihe technologischer Hilfsmittel unterstützt bei der inklusiven Vermittlungsarbeit und ermöglicht einen selbstbestimmten Zugang zu Kunst und Kultur, unabhängig von der Vermittlung durch geschultes Personal.
So sind etwa handwerklich gefertigte Tastreliefs schon lange im Einsatz, die Ausstellungsobjekte zum Anfassen nachbilden. Federführend in der Entwicklung neuester, computergenerierter Reliefs ist eine österreichische Forschungseinrichtung, das VRVis Zentrum für Virtual Reality und Visualisierung (siehe das Interview auf den Seite 26-29).

Das Gemälde „Bauer und Vogeldieb" von Pieter Bruegel dem Älteren als Tastrelief

Der Computer ermöglicht gegenüber handwerklichen Reliefs eine exakte Wiedergabe und reproduzierbare Ergebnisse. Bei Gemälden, einer besonderen Herausforderung, wird die Bildinformation in einen figurativen, dreidimensionalen Abdruck übersetzt, der alle Ebenen der Tiefenwahrnehmung, wie sie das Gehirn beim Sehen erzeugt, erfühlbar macht. Ursprünglich für Menschen mit Sehbeeinträchtigungen konzipiert, können vom taktilen Erfassen alle Besucher:innen profitieren, insbesondere auch Kinder oder Personen mit kognitiven Einschränkungen.

Taktiles Relief mit Multimedia-Guide

Im Sinne eines ganzheitlichen Ansatzes arbeitet das VRVis laufend an der Weiterentwicklung taktiler Vermittlungsmethoden, wie etwa einem interaktivem Multimedia-Guide, der unterschiedlichste Bedürfnisse berücksichtigt. Hier kann man zwischen vielfältigen Informationskanälen und Wahrnehmungsmöglichkeiten wählen: Animationen in Farbe, Darstellungen als Geräusche, Audio-Erläuterungen, Beschreibungen in Gebärdensprache und in Leichter Sprache, Hintergrundinformationen und vieles mehr.

Die Digitalisierung unterstützt mittlerweile eine Vielzahl an technologischen Hilfsmitteln im Bereich Barrierefreiheit und Inklusion. Ein weiteres innovatives Beispiel ist die capito App. In der App können gleichzeitig Texte in verschiedenen Sprachstufen bereitgestellt werden. So ist ein sinnerfassendes Lesen für unterschiedlichste Zielgruppen möglich. Ein weites Betätigungsfeld, denn laut aktuellen Studien versteht rund die Hälfte der Bevölkerung die Sprache von Behörden, Unternehmen und Institutionen nicht.

Die capito App basiert auf GER, dem gemeinsamen europäischen Referenzrahmen für Sprachen. GER unterscheidet mehrere Sprachstufen, von kurzen einfachen Sätzen (Sprachstufe A1), über Sprache zum Wissensaufbau (Sprachstufe A2) oder Umgangssprache (Sprachstufe B1) bis hin zur Fachsprache (Sprachstufe C2). Museen und Kulturinstitutionen kommunizieren zumeist in Sprachstufe C2. Mit

der capito App können mittels QR-Code komplexe Textein bis zu vier Stufen gelesen oder vorgelesen, sowie zwischen Stufen gewechselt werden.

Was die richtige Sprachstufe ist, hängt nicht nur von den Lesekompetenzen, sondern auch vom Vorwissen, den Vorerfahrungen und den persönlichen Interessen der Besucher:innen ab. Museen kaufen eine Basislizenz, für Besucher:innen ist die Nutzung gratis, entweder über einen Weblink oder über einen QR-Code.

„Die capito App ist eine kostengünstige Rundum-Lösung. Der klassische Audioguide ist nicht mehr nötig, Besucher:innen haben die App in Form des Smartphones in der Tasche. Der Museumsbesuch ist barrierefrei und leicht verständlich möglich und das Museum bekommt zudem wertvolle Besuchsdaten die helfen, den Museumsbesuch und das Ausstellungsdesign zu optimieren.“ (Walburga Fröhlich, Geschäftsführerin capito App)

Inklusives Design bietet umfassende Lösungen für alle

Die Designerin Doris Prenn hat mit ihrem Designbüro prenn_punkt einen Fokus auf inklusives Ausstellungsdesign gelegt, das sie als einen umfassenden Gestaltungsprozess betrachtet, der zu Ergebnissen führt, die von möglichst vielen Menschen genutzt werden können, auch wenn für jede Zielgruppe unterschiedliche Voraussetzungen zu beachten sind.

Die capito App auf einem Smartphone

Der Lern- und Gedenkort Charlotte-Taitl-Haus ist ein gutes Beispiel für ihren umfassenden Zugang. Bereits im Zugangsbereich leitet ein weißes, multisensorisches Bodeninformationssystem zum Eingang. Überlebensgroße Schwarzblechtafeln mit gelaserten und taktilen Geburts- und Todesdaten der Opfer führen die Besucher:innen zur Ausstellung.

Der Gedenkraum als barrierefreie Ausstellungsgestaltung

Ein taktiler Plan im Eingangsbereich bietet blinden und sehbeeinträchtigten Menschen Orientierung. Im Gedenkraum selbst sind die Namen der Opfer in Spotlackierung entlang der Wände weiß in weiß eingeschrieben, ergänzt um ein umlaufendes Brailleband, das als Informationsträger dient und zusätzliche Orientierung im Raum bietet. Die Daten und Lebensgeschichten der Opfer werden auf Stelen erzählt, deren Verteilung im Raum einer klaren Anordnung folgt.

Ausgewählte Fotos und Dokumente sind taktil umgesetzt. Vertiefende Informationen können mittels Touchscreens abgerufen werden, zudem gibt es eine Arbeitsstation mit PC, Braillezeile und Internetzugang. Alle Informationen sind in Audiodeskription und Gebärdensprache übersetzt. Das Museum hat damit den complemento 2018 des ÖZIV Bundesverbands für Menschen mit Behinderungen gewonnen und wurde in die Ehrenliste des Inklusionspreises 2018 der Lebenshilfe Österreich aufgenommen.

Dieser Text wird freundlicherweise von capito über den QR-Code in Einfacher Sprache angeboten.

„Der Zugang zu Kunst und Kultur ist ein universelles Recht, von dem niemand ausgeschlossen sein sollte. Die Digitalisierung bietet neue und innovative Möglichkeiten Kunst und Kultur inklusiv zu erleben.“

Daniele Marano,
Experte für Barrierefreiheit

„Nicht die Behinderung, sondern die Bedürfnisse stehen im Vordergrund“

Interview mit Andreas Reichinger, Senior Research Engineer am VRVis Zentrum für Virtual Reality und Visualisierung Forschungs-GmbH, Österreichs führender Forschungseinrichtung für anwendungsorientierte Forschung im Bereich Visual Computing

Wir stehen hier in Ihrem Forschungsbüro, vor uns liegen eine Reihe von Reliefs in unterschiedlicher Abstufung und Qualität, anhand derer sich Ihre Forschungstätigkeit erläutern lässt. Können Sie uns den komplexen Entwicklungsprozess dahinter beschreiben?
Wir haben 2010 im Auftrag des Kunsthistorischen Museums begonnen, uns mit der Umsetzung von Kunstwerken in taktile Formen zu beschäftigen, um Menschen mit Sehbeeinträchtigungen den Zugang zur Kunst zu erleichtern. Status quo waren damals Schwelldrucke, wo auf einem speziellen Papier eine Haptik durch Beheizen erzeugt wird. Auch Braille-Drucker wurden eingesetzt. Dies waren sehr einfache und billige Behelfsmittel, die aber bei weitem nicht die vielen Dimensionen eines Kunstwerkes erspüren lassen konnten.

Uns hat zunächst die Frage beschäftigt, wie kann man das Tiefenempfinden, das Künstler:innen in ihren Gemälden herstellen, in einem gedruckten Reliefbild ermöglichen?
Anhand der „Madonna im Grünen“ von Raffael habe ich dann eine Software geschrieben, mit der man die einzelnen Bereiche eines Gemäldes segmentieren kann, um ihnen unterschiedliche Ebenen der Tiefe zuzuweisen. Das ist nicht trivial, denn wenn man sich zum Beispiel die Arme der Madonna anschaut,

wie sie das Kind umfasst hält, dann habe ich allein hier schon mehrere Ebenen und Übergänge zu berücksichtigen. Die im Original erzeugte Dreidimensionalität durch Hell- und Dunkeleffekte sowie Muster und Schattierungen werden im Programm durch Filter extrahiert, die der Wahrnehmung im menschlichen Auge nachempfunden sind und als Oberflächenvariationen im Relief a ufgebracht. Wichtige Bereiche wie Gesichter, Körper und geometrische Objekte werden digital nachmodelliert und in das Gesamtbild integriert.

Mit welchem Verfahren und auf welchem Material erfolgt die Herstellung des Reliefs?

Das am Computer erstellte Tiefenbild wird mittels computergesteuerter CNC-Fräsmaschine gefertigt. Dies hat gegenüber 3D-Druckern den Vorteil, hochqualitativere Ergebnisse zu liefern, und ich habe freie Materialwahl. Dies ist aktuell bezüglich Hygiene und Desinfizierbarkeit umso wichtiger. Zudem ist Fräsen in dieser Qualität und Größe noch immer günstiger und schneller. Auf Wunsch machen wir davon zusätzlich einen Negativabdruck in Silikon, den man dann wiederum in Kunststoff gießen und vielfach reproduzieren kann, was bei Gruppenführungen sehr beliebt ist.

Was ist das Innovative an Ihrer Forschungstätigkeit, was unterscheidet Ihre Reliefbilder von manuell gefertigten Reliefs?

Die Inspiration unserer Reliefbilder geht auf die Bildhauerei zurück. Beispielsweise auf die Tradition der italienischen „Museo Tattile", wo Gemälde oder auch Architekturmodelle für blinde Menschen nachgebildet werden. Eine britische Künstlerin formt Reliefbilder aus Ton nach, andere schnitzen sie aus Speckstein. Die handwerkliche Fähigkeit sowie persönliche Interpretationen entscheiden dann über das Ergebnis und die Qualität. Der Computer ermöglicht demgegenüber eine exakte Wiedergabe und reproduzierbare Ergebnisse, die auch jederzeit korrigiert werden können.

Was ist der Mehrwert dieser Reliefs für das Museum?

Der Mehrwert geht weit über die Vermittlungsarbeit für Menschen mit Sehbeeinträchtigungen hinaus. Mein Anspruch war von Anfang an,

Reliefbilder am Computer herstellen zu können, die für alle Menschen, nicht nur für Personen mit Sehbeeinträchtigungen, interessant und aufschlussreich sind. Als das Relief der Raffael-Madonna erstmals im Kunsthistorischen Museum ausgestellt wurde, gleich neben dem Originalbild, haben fast alle Besucher:innen das Relief interessiert angegriffen und sich länger als üblich mit dem Gemälde beschäftigt. Das Relief ermöglicht einen anderen, zusätzlichen Zugang zum Kunstwerk, es eröffnet neue Perspektiven.

Wie lange dauert die Entwicklung eines Reliefs?
Jedes Bild stellt uns vor eigene, neue Herausforderungen, dementsprechend unterschiedlich kann die Entwicklungsdauer sein. Insofern ist jedes Relief manuell erstellt, wenn auch am Computer. Beim allerersten Relief, dem Raffael-Relief, sprechen wir von Monaten, das hat im Rahmen eines Forschungsprojektes stattgefunden. Derzeit liegen wir bei 1 bis 2 Wochen. Ich schreibe zuerst ein „Treatment", wie sehe ich das Bild, wie sieht es der Auftraggeber. Das erfordert eine tiefgehende Auseinandersetzung und oft auch Diskussionen. Denn die Beschreibung zum Bild beeinflusst die Qualität des Ergebnisses ganz wesentlich. Dann gebe ich die Beschreibung blinden Testpersonen. Aufgrund des Feedbacks wird zunächst ein erster grober Entwurf am Computer erstellt, dann kommt der Feinentwurf. Das Fräsen am Ende dauert zwischen 12 und 24 Stunden.

Mittlerweile produzieren Sie ja für viele Museen.
Wir sind immer wieder Partner in EU-Forschungsprojekten, arbeiten aber auch als direkter Auftragnehmer von Kunst- und Kulturinstitutionen. Zu unseren Referenzmuseen gehören neben dem Kunsthistorischen Museum etwa auch das Technische Museum, das Belvedere, das Dommuseum Wien oder das Graz Museum Schlossberg. Unsere Reliefe sind aber auch europaweit ausgestellt, beispielsweise im Museo de Bellas Artes de Asturias, Victoria & Albert Museum, Museo Thyssen-Bornemisza, The Wallace Collection, Museo Lazaro Galdiano, die Berlinische Galerie, das Haus der Bayerischen Geschichte in Regensburg.

Wie ist das Feedback der Besucher:innen?

Eine Begegnung, die mich besonders berührt hat, war eine Dame, die uns unter Tränen gedankt hat. Sie sei immer eine Kunstliebhaberin gewesen, bevor sie erblindet ist, und dachte, dass für sie die Tür zur Kunst nun verschlossen sei. Durch unsere Arbeit habe sich diese Tür wieder geöffnet. Für unseren Forschungsbeitrag zu mehr Inklusion sowie unseren inklusiven Kunstlösungen wurden wir mit mehreren Preisen ausgezeichnet, beispielsweise dem Heritage in Motion-Award 2020 oder dem WSA Austria Award 2020.

Was ist der nächste Schritt, die nächste Entwicklung?

Ein weiterer Forschungsbereich ist taktile Fotografie, wo wir es sehbeeinträchtigten Personen in Workshops nicht nur ermöglichen selbst zu fotografieren, sondern die Fotos dann auch in Relief ausarbeiten, inklusive einem neuartigen Reliefdrucker. Unser Hauptaugenmerk liegt aber gerade im Sinne von „Design for all" in neuen Vermittlungswegen: Wir haben in einem dreijährigen EU-geförderten Forschungsprojekt einen taktilen, interaktiven Multimedia-Guide entwickelt, der nicht nur Menschen mit Sehbeeinträchtigungen dient, sondern unterschiedlichste Bedürfnisse berücksichtigt. Auf einem Bildschirm mit einer eingebauten Kamera, die das Abtasten eines Reliefs erkennt, kann zwischen vielfältigen Informationskanälen und Wahrnehmungsmöglichkeiten gewählt werden: Projektionen und Animationen in Farbe, Darstellungen als Geräusche, Audio-Erläuterungen, Beschreibungen in Gebärdensprache und in Leichter Sprache, Hintergrundinformationen und vieles mehr – also ein Guide für alle, auch für Menschen ohne Beeinträchtigungen. Das ist mir wichtig! Jeder soll und kann mit seinen Bedürfnissen berücksichtigt werden.
Nicht die Art der Behinderung steht im Vordergrund, sondern die unterschiedlichen Bedürfnisse.

Kontakt:
VRVis Zentrum für Virtual Reality und Visualisierung Forschungs-GmbH
Donau-City-Str. 11, 1220 Wien
office@vrvis.at
+43 (1) 908 98 92

Aufzüge machen Museen barrierefrei und inklusiv

Durch digitale Lösungen kann KONE die Sicherheit und Zuverlässigkeit von Aufzügen weiter steigern – wichtig für Menschen mit Handicap und eingeschränkten Deutschkenntnissen.

KONE-6-Tonnen-Lastenaufzug in der Heidi Horten Collection

KONE-Aufzug im Ambraser Unterschloss, Innsbruck

Aufzüge digital überwachen

Oberstes Ziel von Aufzugbetreibenden ist die Sicherheit, ob in den Landesmuseen für Tirol, im Steiermärkischen Universalmuseum Joanneum, im Wiener Belvedere oder auf Schloss Ambras Innsbruck.

Deshalb legen die Häuser gemeinsam mit KONE die **richtigen Wartungsintervalle** fest. Sie richten sich an der Fahrtenhäufigkeit aus und erhöhen damit die Lebensdauer der Anlagen.

Dazu trägt auch die Möglichkeit bei, Aufzüge kontinuierlich **digital überwachen** zu lassen: Anfallende Daten aus Steuerungs- und Sensortechnik werden durch KONE 24/7 Connect mittels Künstlicher Intelligenz ausgewertet. So können Komponenten bei der Regelwartung erneuert werden, bevor es zu einem überraschenden Ausfall kommt. Weshalb die Römerstadt Carnuntum den Aufzug im Besucherzentrum auf „24/7 Connect“ aufschalten wird.

Digitaler Aufzugswärter

Der digitale Aufzugswärter ermöglicht, die gesetzlich erforderliche wöchentliche **Inaugenscheinnahme (Betriebskontrolle)**, für die eigens Personal geschult werden muss („AufzugswärterInnen"), auf einen vierteljährlichen Intervall auszudehnen.

So wird das Museum entlastet und die Sicherheit der Fahrgäste erhöht: durch lückenlose Überwachung zahlreicher Funktionen wie etwa Kabinenbeleuchtung, Türschluss und Haltegenauigkeit.
Die Kontrolle auf sicht-, hör- und fühlbare Schäden, die Bestandteil der Inaugenscheinnahme ist, **übernimmt KONE**.

Intelligente Notruftechnik

Zwei-Wege-Notrufsysteme mit Anschluss an eine rund um die Uhr besetzte Notrufzentrale sind Pflicht. Doch sie genügen nur bedingt Menschen mit beeinträchtigtem Sprach- oder Hörvermögen bzw. mit geringen oder fehlenden Deutschkenntnissen.

Abhilfe **schaffen Hörbehinderten-Notrufsysteme (HBN)** mit mehrsprachiger, durch (Touch-)Displays visuell unterstützter Kommunikation. Dazu kommt die Option einer Kabinen-Kamera.
Sie unterstützt die KONE-Servicezentrale, bei Notruf die Situation vor Ort noch besser einzuschätzen.

Fragen Sie uns!

KONE Österreich
Karola Abraham,
Marketing & Kommunikation
+43 59 24 73 12
karola.abraham@kone.com
KONE.at

KONE-Übereckaufzug im Ferdinandeum in Innsbruck

KONE-Aufzug und -Notruf in der Galerie Belvedere

Kunst als Beitrag für eine inklusive Welt

Die Essl Foundation setzt sich für die gleichberechtigte Teilhabe von Menschen mit Behinderungen an allen Bereichen der Gesellschaft ein. Das Erleben von Kunst ist dabei ein besonders wichtiges Anliegen. Von Friedrich Ruhm Perdomo

15 Prozent der Weltbevölkerung oder mehr als eine Milliarde Menschen leben laut der Weltgesundheitsorganisation WHO mit einer Behinderung. Der Großteil dieser Menschen ist dadurch jedoch von Dingen, die für Menschen ohne eine Beeinträchtigung selbstverständlich sind, ausgeschlossen. Und das trotz des Versprechens, „Niemanden zurückzulassen", wie es in der von allen 193 Mitgliedsstaaten der Vereinten Nationen unterfertigten Agenda 2030 mit ihren 17 Sustainable Development Goals, den SDGs, heißt.

Noch deutlicher ist die Verpflichtung zur Inklusion in der UN-Konvention der Rechte von Menschen mit Behinderung formuliert, die von mehr als 180 Mitgliedsstaaten, darunter auch Österreich, ratifiziert wurde. Diese verpflichtet, Menschen mit Behinderungen die „volle, wirksame und gleichberechtigte Teilhabe an der Gesellschaft" zu ermöglichen.

Für eine Welt ohne Barrieren

Die Essl Foundation, die 2007 als gemeinnützige Privatstiftung von Martin Essl, seiner Frau Gerda und deren vier Kindern gegründet wurde, hat sich zum Ziel gesetzt, soziale Innovationen und Projekte mit einem Schwerpunkt auf Menschen mit Behinderungen zu unterstützen. Mit dem 2010 ins Leben gerufenen Zero Project will sie zudem einen Beitrag zur Umsetzung der UN-Behindertenrechtskonvention leisten.

Den Zugang zu Kunst allen Menschen zu ermöglichen, ist für die Essl Foundation nicht zuletzt aufgrund der eigenen Erfahrung ihrer Stifter ein besonderes Anliegen. Das

Engagement beschränkt sich dabei nicht nur auf die Unterstützung innovativer Ansätze der Kunstvermittlung. Auch Künstler:innen sollen inspiriert werden, den Mehrwert zu erkennen, ihre Arbeit mit mehreren Sinnen erlebbar zu machen, wie folgende drei ausgewählte Beispiele zeigen.

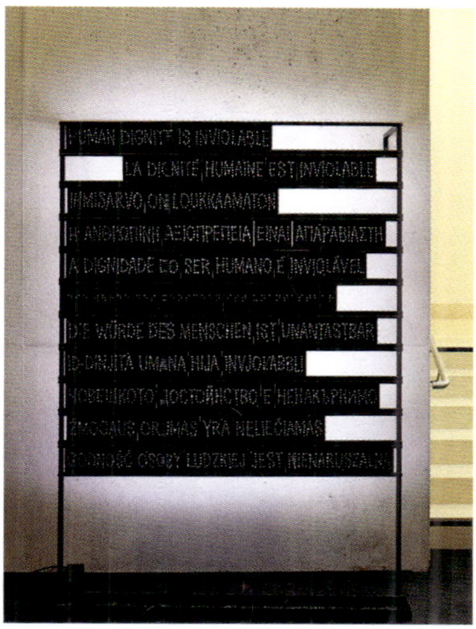

„Die Würde des Menschen ist unantastbar“ im Parlament

„Die Würde des Menschen ist unantastbar“

Das Kunstwerk von Wilfried Gerstel beschäftigt sich mit dem in den Grundrechten der Europäischen Union festgelegten Satz: „Die Würde des Menschen ist unantastbar“. Für seine Installation wählte der Künstler zehn Sprachen der EU, um die Vielfalt der im EU-Raum vorkommenden Sprachen und Schriften zu zeigen. Diese werden durch eine Zeile in Brailleschrift, die von Menschen mit Sehbehinderung benutzt wird, ergänzt.

Martin und Gerda Essl haben das inklusiv gestaltete Kunstwerk dem renovierten und barrierefrei gestalteten Parlamentsgebäude als Dauerleihgabe zur Verfügung gestellt.

Corona-Denkmal der Hoffnung am Wiener Heldenplatz

„Corona-Denkmal der Hoffnung“

Das Corona-Denkmal der Hoffnung ist ein Werk von Emmerich Weissenberger und Nora Ruzsics, das in Zusammenarbeit mit dem Österreichischen Institut für nachhaltige Entwicklung realisiert wurde.

Die begehbare geschwärzte Holzskulptur hat die Form der Lemniskate, dem Zeichen für Unendlichkeit. Die zwei Flügel sind den Themen Nachhaltigkeit und Inklusion zugeordnet, die für eine Renaissance nach Corona von zentraler Bedeutung sind. Der barrierefrei zugängliche Raum in der Mitte steht für die allumfassenden Liebe, die niemanden zurücklässt. Sieben bronzierte Siegel symbolisieren die sieben Kardinaltugenden.

Das Denkmal wurde allen Opfern, Leidtragenden und Held:innen von Corona gewidmet. 2022 stand es am Wiener Heldenplatz, 2023 wurde es der MedUni Wien als Schenkung übergeben, wo es voerst im Eingangsbereich des Wiener AKH und später im Foyer des neuen Audimax der MedUni Wien zu besichtigen ist.

2021 und 2022 entstand eine zweite Skulptur des Corona-Denkmals aus Goldbronze in derselben Größe. Dieses „Monument of Hope" soll als Symbol für Renaissance und Inklusion auf eine Welttournee gehen. Dazu wurde ein Schlitten konstruiert, mit dem das Kunstwerk in einen Container geschoben werden kann. Zudem gibt es Pläne, den Container anschließend zu einem inklusiven „Pop-up-Museum" umzubauen, um damit inklusive Kunst zu den Menschen zu bringen.

Das Monument of Hope aus Goldbronze

Inklusive Street Art jetzt auch in Österreich

Street Art Belgrad beschäftigt sich seit 20 Jahren mit der Erforschung und Verbreitung von Straßenkunst und Graffiti in Serbien. Ein wichtiges Anliegen dabei ist die inklusive Gestaltung dieser Kunst im öffentlichen Raum.

Über den Kontakt zum Zero Project hat Street Art Belgrad Ende 2022 erstmals in Österreich drei Murals inklusiv gestaltet. Die Graffitis wurden gemeinsam mit Jakob Kattner, dem Gründer und Leiter des Streetart Festivals „Calle Libre“ in Wien, ausgewählt und befinden sich am Karl-Farkas-Platz im 7. Wiener Gemeindebezirk.

Im Eingangsbereich des dort befindlichen Parkes wird bis zum Sommer 2023 von jedem der drei Murals ein Ausschnitt als 3D-Relief gestaltet. Darunter findet sich eine Beschreibung in Braille-Schrift.

Zusätzlich gibt es eine vierte Tafel, die Informationen für Sehende und einen QR-Code enthält, über den weitere Inhalte abrufbar sind.

In einer weiteren Zusammenarbeit von Street Art Belgrad mit dem Zero Project entsteht im Rahmen der Zero Project Konferenz 2023 ein inklusives Kunstwerk. Dieses Mural soll danach im Haus der Philanthropie in Wien als „good practice“ für inklusive Kunst ausgestellt werden.

Eines der Graffitis am Karl-Farkas-Platz in Wien

Die inklusive Umsetzung mit 3D-Relief und Braille-Schrift

„Inklusive Kunst soll kein exklusives Angebot sein“

Als Unternehmer hat Martin Essl erfahren, welche Vorteile eine Beschäftigung von Menschen mit Behinderung bringt. Als Stifter und Initiator des Zero Projects setzt er sich heute für deren volle gesellschaftliche Teilhabe ein.

MuseumsGuide: Warum braucht es eine inklusive Kunstvermittlung?
Martin Essl: „Weil es sich um ein verbrieftes Recht handelt. Mit der Ratifizierung der UN-Konvention der Rechte von Menschen mit Behinderung 2008 hat sich auch Österreich verpflichtet, Menschen mit Behinderung die volle Teilhabe an allen gesellschaftlichen Errungenschaften zu ermöglichen. Und dazu zählen natürlich auch Museen, die maßgeblich öffentlich finanziert sind.

MG: Wie sieht ein inklusives Museum für Sie aus?
Martin Essl: Inklusive Kunst schafft Orte der Begegnung und des gemeinsamen Erlebens von Menschen mit und ohne Behinderung. Kunst erweitert das Blickfeld. Man muss das zu einer Option machen, aber ohne Zwang. Inklusive Kunstvermittlung soll allen Menschen – mit und ohne Behinderungen – bereitstehen.

MG: Das heißt, inklusive Kunstvermittlung bereichert auch das Leben von Menschen ohne Beeinträchtigung?
Martin Essl: Wir alle haben das Bedürfnis, Dinge mit möglichst vielen unserer Sinne zu erleben, damit bleiben diese Erlebnisse auch viel länger in unserer Erinnerung. Das sieht man an Skulpturen im öffentlichen Raum, die an

manchen Stellen ganz glatt sind, weil die Menschen sie auch begreifen. Und warum soll das Vibrieren eines Basses für einen hörenden Mensch nicht auch spannend sein?

MG: Wie sehr bremsen die Aktionen von Klimaaktivisten die Bereitschaft von Museen, ihre Werke derart zugänglich zu machen?
Martin Essl: Natürlich muss ein Kunstwerk bewahrt werden, aber es gibt eine Reihe von Möglichkeiten und Technologien, um ausgewählte Objekte inklusiv zugänglich zu machen. Es ist ohnedies so, dass Menschen, die ein Museum besuchen, nicht jedes Werk, das dort ausgestellt ist, in Erinnerung behalten.

MG: Kann man überhaupt jede Kunst inklusiv gestalten?
Martin Essl: Im Rahmen des Zero Projects beschäftigen wir uns auch mit der Suche nach innovativen Ansätzen der inklusiven Kunstvermittlung. Die Beispiele zeigen, was heute schon möglich ist und sollen eine Inspiration sein – für Museen, aber auch für die Community von Menschen mit Behinderungen, die erkennen, welche neuen Entwicklungen wo stattfinden.

Über das Zero Project

Jedes Jahr wählen mehr als 1.000 Expert:innen aus dem weltweiten Zero Project Netzwerk die innovativsten und effektivsten „Practices and Policies“ zu einem der vier Kernthemen der UN-Behindertenrechts-konvention: Barrierefreiheit, Beschäftigung, Bildung sowie unabhängiges Leben und politische Beteiligung. Dazu bildet das Thema Information und Kommunikations-technologie (IKT) einen regelmäßigen Schwerpunkt der Arbeit des Zero Projects ebenso wie die Suche nach Best Practices in der inklusiven Kunstvermittlung. Diese Calls for Nomination führen jährlich zu rund 500 Einreichungen aus über 100 Ländern. 70-80 ausgezeichnete Projekte werden im Rahmen der jährlichen Zero Project Konferenz im UN-Haupt-quartier in Wien und in dem dazu erscheinenden Zero Project Report präsentiert.

Details dazu und weitere Informationen zu den Aktivitäten in Österreich finden Interessierte unter: zeroproject.org.

So geht inklusive Kunstvermittlung

Vorreiter wie das MoMA, das Manchester Museum, capito Mecklenburg-Vorpommern oder das KHM und das Konzerthaus in Österreich zeigen, wie Kunst und Kultur für alle Menschen zugänglich wird. Von Friedrich Ruhm Perdomo

Bis in die 1940er-Jahre reicht das Kunstangebot des Museum of Modern Art, dem MoMA in New York, für Menschen mit Behinderungen zurück. Damals wurde das War Veterans' Art Center geschaffen, das Kriegsversehrten kostenlose Kunstkurse anbot, berichtet Francesca Rosenberg – Director, Access Programs and Initiatives: „Dieses Erbe führt das MoMA fort, indem es jedes Jahr Tausenden von Menschen mit Behinderungen im Rahmen direkter Angebote Zugang zur Kunst verschafft."

Ältere Besucher vor einem Bild von Claude Monet im MoMA

Ein MoMA für alle

Barrierefreiheit und Gleichbehandlung haben im MoMA einen derart hohen Stellenwert, dass sogar eine Task Force für Barrierefreiheit eingerichtet wurde, der Vertreter:innen aus allen Abteilungen und Bereichen des Hauses angehören. Rosenberg: „Kunst so vielen Menschen wie möglich zugänglich zu machen, kann eine wunderbare Chance sein, über Ausstellungsdesign und die Art und Weise, wie Besucher:innen Kunst erleben, nachzudenken."

2018 wurde das MoMA mit einem Zero Project Award ausgezeichnet. Zudem nahm das MoMA am ersten Zero Project Impact Transfer Programm teil, dessen Ziel es ist, als „Accelerator" innovative und skalierbare Lösungen für eine barrierefreie Welt zu unterstützen.

Blinde ertasten eine 3D-Replik im Manchester Museum

Kunst zum Angreifen

Bereits 2014 war das Manchester Museum einer der Zero Project Awardees, das für das interaktive Forschungsprojekt „Haptic Probos" ausgezeichnet worden war. Initiiert hatte es Sam Beath, heute Conservation and Collection Care Manager des Museums der University of Manchester, 2008. Beath: „Die Entwicklung hat aber bereits in den 1990er-Jahren begonnen, als wir am National Liverpool Museum an innovativen 3D-Scan- und haptischen Technologien geforscht haben."
Zunächst standen dabei konservatorische Anwendungen im Fokus, „bald wurde uns aber klar, dass man damit Besucher:innen von Museen einen physischen Zugang zu originalgetreuen Nachbildungen von Objekten ermöglichen kann und, dass das auch zu innovativen Ansätzen der Inklusion führen kann", erinnert sich Beath.
Bis 2017 wurden vier Objekte in die Bibliothek von Probos aufgenommen, darunter auch Gustav Klimts „Der Kuss" – ein Projekt, das im Rahmen eines Erasmus+-Projekts und unter Mitwirkung österreichischer, deutscher und slowakischer Partner realisiert wurde.

Inklusive Kunstvermittlerin im Museum Schwerin

Inklusive Kunstvermittlung

capito Mecklenburg-Vorpommern (capito MV), ein Spezialist für barrierefreie Kommunikation, bildet gemeinsam mit dem Staatlichen Museum in Schwerin Menschen mit Behinderungen zu Kunstvermittlern in Museen aus und wurde dafür 2020 mit einem Zero Project Award ausgezeichnet. Bis 2022 konnten acht Personen im Staatlichen Museum Schwerin und im Schlossmuseum in Ludwigslust in Mecklenburg-Vorpommern qualifiziert werden. Aktuell ist zudem eine hauptberufliche Qualifizierung in Entwicklung, berichtet Nils Wöbke, Leiter von capito MV: „Das Projekt zeigt seine gesellschaftliche und individuelle Wirkung auf vielfältige Weise. Menschen mit Behinderungen sind an einem öffentlichen Museumsort tätig und gehen einer qualifizierten, öffentlichen und sichtbaren Aufgabe nach. Menschen mit Behinderungen erhalten durch dieses Projekt neue Zugänge zu Bildung, Ehrenamt und Arbeitswelt." Interessierte Museen können das Wissen und die Erfahrungen aus dem Projekt im Wege von Workshops oder Lehrgängen nutzen. Im Rahmen des Zero Project Impact Transfer Programmes 2020 wurde zudem der Prototyp für ein inklusives Qualifizierungshandbuch entwickelt.

Menschen mit Behinderung in der Gemäldegalerie des KHM

Pionierarbeit aus Österreich

In Österreich zählt das Kunsthistorische Museum (KHM) zu den Pionieren inklusiver Kunstvermittlung, weiß Rotraut Krall, Abteilungsleiterin Kunstvermittlung im KHM-Museumsverband zu berichten: „Bereits 1952 hatte der damalige Direktor der Ägyptisch-Orientalischen Sammlung blinde Menschen eingeladen, Objekte mit Handschuhen zu betasten." 2010 wurde dieser Faden, so Krall, mit ihrer Bestellung wieder aufgegriffen: „Man hatte erkannt, dass inklusive Kunstvermittlung eine große Wichtigkeit bekommt und dafür eine eigene Stelle geschaffen." Eines ihrer ersten Projekte war die Erstellung taktiler Reliefs von Werken aus der Gemäldegalerie – eine Idee, die sie gemeinsam mit der Wiener VRVis Zentrum für Virtual Reality und Visualisierung Forschungs-GmbH entwickelte. Weitere Ideen und Projekte wie das inklusive Museumsbuch „Gemeinsam anders sehen!" folgten, bis das KHM 2016 zur Teilnahme an ARCHES („Accessible Resources for Cultural Heritage EcoSystems") eingeladen wurde. Das von der EU im Rahmen von

HORIZON 2020 geförderte Projekt brachte zwölf europäische Partner aus den Bereichen Kultur – darunter sechs der führenden Museen –, Technologie und Wissenschaft sowie Menschen mit Behinderungen zusammen, um „gemeinsam Innovationen zu identifizieren und zu entwickeln, die den Besuch von Kulturinstitutionen für Menschen mit Behinderung erleichtern", so Krall. Neben der Umsetzung weiterer Reliefs sowie taktiler Museumspläne wurde eine App entwickelt, die das Navigieren und Lernen über die Exponate in den Museen unterstützt. 2020 wurden ARCHES und das KHM mit einem Zero Project Award ausgezeichnet.

Menschen beim Singen im Wiener Konzerthaus

Wo Musik alle verbindet

Das Wiener Konzerthaus wird 2023 mit einem Zero Project Award für die inklusive „SommerMusikWoche" ausgezeichnet, die seit 2019 besteht. Entsprechend dem Motto „Musik verbindet" richtet sich das kostenfreie Angebot an alle Menschen und hat zum Ziel, „einen lebendigen und authentischen Dialog zwischen Bühne und Publikum zu ermöglichen und zwar unabhängig von sozialer Herkunft und Bildung, ethnischer Zugehörigkeit oder Behinderung", erklärt Mira Possert, Education-Managerin am Wiener Konzerthaus. Nicht einmal ein Instrument wird benötigt um teilzunehmen, entscheidend ist nur die Begeisterung für die Musik. Die Teilnehmer:innen können zwischen inhaltlich verschiedenen Workshopgruppen wählen. Den Auftakt der ersten vier Tage macht jedoch eine gemeinsame Einheit und auch das Mittagessen in der Gruppe soll die Interaktion fördern und ein kreatives Miteinander schaffen. Am fünften Tag wird für das abendliche Abschlusskonzert geprobt und es werden die Ensembles gebildet. Possert: „Dabei zeigt sich, dass die vermeintliche Inhomogenität der Gruppe einer ihrer größten Stärken ist."

PERSPEKTIVEN
Digital Reality
VISUELL INSPIRIEREN
LIVE ERLEBEN
360° Museums Guide inklusiv
Interaktiv & virtuell erleben!

INFORMATION
ORIENTIERUNG
INSPIRATION
KI-SPRACHGUIDE
YOUR MUMOK GUIDE
BARRIEREFREIE FEATURES
360°
Museums
Guide inklusiv
Hier eintauchen!
360perspektiven.com/museumsguide

**Barrierefreiheit ist eine Grundvoraussetzung für eine gleichberechtigte Teilhabe aller Menschen am täglichen Leben und für eine inklusive Gesellschaft.
Auch Museen müssen heute für umfangreiche Barrierefreiheit sorgen: beginnend beim Zugang ins Gebäude bis hin zur Präsentation der Ausstellungsstücke.**

Rudolf Kravanja,
Präsident ÖZIV Bundesverband

Wien

Akademie der bildenden Künste Wien Gemäldegalerie

Schillerplatz 3, 1010 Wien

Di-So 10:00-18:00
Feiertage geöffnet

€ 6 für Menschen mit Behindertenausweis
frei für Assistenzperson

Preise für inklusive Führungen und Workshops: € 3

Kontakt:
kunstsammlungen@akbild.ac.at
www.kunstsammlungenakademie.at

Die Kunstsammlungen der Akademie der bildenden Künste Wien umfassen die Gemäldegalerie, das Kupferstichkabinett und die Glyptothek. Sie beherbergen etwa 1.200 Gemälde und rund 160.000 Arbeiten auf Papier vom 14. bis zum 21. Jahrhundert sowie etwa 450 Gipsabgüsse. Das Vorhandensein von derart qualitätvollen und umfangreichen historischen Sammlungen an einer Kunstakademie stellt eine Besonderheit dar. Sie sind Begegnungsräume für Forschung, Lehre und Kunstinteressierte und als Studiensaal und Museum öffentlich zugänglich.

Barrierefreie Zugänglichkeit

Eingang: Eingang Markartgasse barrierefrei

Im Gebäude: alle Bereiche im Museumsgebäude sind barrierefrei

Inklusive Führungen und Angebote

Zielgruppenspezifische Führungen: Inklusive Angebote für unterschiedliche Zielgruppen (u.a. inklusive Kinderworkshops, Führungen in Gebärdesprache)

Das Wichtigste auf einen Blick

- ✓ Barrierefreier Eingang
- ✓ Ermäßigter Eintritt
- ✓ Barrierefreier Empfang
- ✓ Barrierefreie WCs
- ✓ Verleih von Rollator/Rollstuhl
- ✓ Barrierefreie Website
- ✓ Spezialführungen/Angebote

Nähere Infos auf www.museumsguide.at

Albertina

Albertinaplatz 1, 1010 Wien

Mo-So 10:00-18:00
Mi & Fr 10:00-21:00

€ 7 für Menschen mit Behindertenausweis
frei für Assistenzperson

Preise für inklusive Führungen und Workshops: € 5
Smartphone Guide € 3
Kopfhörer für Smartphone Guide € 2

Kontakt:
Friederike Lassy-Beelitz
f.lassy-beelitz@albertina.at
www.albertina.at

Die Albertina gehört mit ihren insgesamt 1,2 Millionen Kunstwerken international zu den großen Museen für Kunst und deckt als einziges Museum der Welt einen kunstgeschichtlichen Zeitraum von über sechs Jahrhunderten, vom 15. Jahrhundert bis zu Moderne und Gegenwart ab.

Sie beherbergt die international größte und bedeutendste grafische Sammlung (Dürer, Leonardo, Michelangelo) mit einem Umfang von rund 900.000 Zeichnungen, Druckgrafiken und Gemälden. Von besonderer Bedeutung sind ebenso die Fotosammlung mit rund 100.000 Prints sowie die Architektursammlung, welche 60.000 Pläne, Zeichnungen und Modelle umfasst.

Barrierefreie Zugänglichkeit

Eingang: Lift für Haupteingang, Lift und Rolltreppen

Im Gebäude: Lifte, WCs und Garderoben barrierefrei zugänglich

In Ausstellungen: Sitzmöglichkeiten vorhanden, Rollstühle und Gehhilfen sind kostenlos gegen Hinterlegung eines Ausweises an der Garderobe erhältlich

Wie Inhalte vermittelt werden

als Hörtexte: Audioguides

in Gebärdensprache: Vermittlungsprogramme für für Blinde und Sehbehinderte

Sonstiges: Induktionsschleifen für Audioguides erhalten Besucher:innen kostenfrei gegen Hinterlegung eines Ausweises an der Kassa.

Inklusive Führungen und Angebote

Zielgruppenspezifische Führungen:

- für Hörbehinderte in Gebärdensprache
- für Blinde und Sehbehinderte (Blinde führen)
- für und gemeinsam mit Menschen mit Down-Syndrom

Das Wichtigste auf einen Blick

- ✓ Barrierefreier Eingang
- ✓ Ermäßigter Eintritt
- ✓ Barrierefreier Empfang
- ✓ Begleithunde erlaubt
- ✓ Barrierefreie WCs
- ✓ Verleih von Rollator/Rollstuhl
- ✓ Barrierefreie Website
- ✓ Spezialführungen/Angebote
- ✓ Induktive Höranlage

Nähere Infos auf www.museumsguide.at

Albertina Modern

Karlsplatz 5, 1010 Wien

Mo-So 10:00-18:00

frei für Menschen mit Behindertenausweis
frei für Assistenzperson

Preise für inklusive Führungen und Workshops: € 5
Smartphone Guide € 3
Kopfhörer für Smartphone Guide € 2

Kontakt:
Friederike Lassy-Beelitz
f.lassy-beelitz@albertina.at
www.albertina.at

In der ALBERTINA MODERN – nur wenige Gehminuten vom Haupthaus entfernt – erwarten die Besucher:Innen bedeutende Großausstellungen und Einzelpräsentationen, die den Schwerpunkt auf die Kunst der Gegenwart und der Moderne legen. Mit ihren umfassenden Beständen der zeitgenössischen Kunst zählen die Sammlungen der ALBERTINA mit insgesamt 60.000 Werken ab 1945, Gemälde, Zeichnungen, Arbeiten auf Papier, Skulpturen, Installationen und Fotografien, von 5000 Künstlerinnen und Künstlern, zu den maßgebenden Kollektionen ihrer Art. Schwerpunkte bilden sowohl die Sammlung der österreichischen Kunst mit bedeutenden Beständen zu Arnulf Rainer, Maria Lassnig, Franz West, VALIE EXPORT, Herbert Brandl, Martha Jungwirth, dem Wiener Aktionisten und vielen anderen als auch internationale Positionen mit umfangreichen Werkblöcken beispielsweise von Georg Baselitz, Anselm Kiefer, Alex Katz, Cindy Sherman und Sherrie Levine.

Barrierefreie Zugänglichkeit

Eingang: betonierte Rampe, Lift vorhanden

Im Gebäude: Lifte, WCs und Garderoben barrierefrei zugänglich

In Ausstellungen: Rollstühle und Gehhilfen kostenlos an der Garderobe erhältlich

Wie Inhalte vermittelt werden

als Hörtexte: Audioguides

in Gebärdensprache: Vermittlungsprogramme für für Blinde und Sehbehinderte

Sonstiges: Induktionsschleifen für Audioguides erhalten Besucher:innen kostenfrei gegen Hinterlegung eines Ausweises an der Kassa.

Inklusive Führungen und Angebote

Zielgruppenspezifische Führungen:

- für Hörbehinderte in Gebärdensprache
- für Blinde und Sehbehinderte (Blinde führen)
- für und gemeinsam mit Menschen mit Down-Syndrom

Das Wichtigste auf einen Blick

- ✓ Barrierefreier Eingang
- ✓ Ermäßigter Eintritt
- ✓ Barrierefreier Empfang
- ✓ Begleithunde erlaubt
- ✓ Barrierefreie WCs
- ✓ Verleih von Rollator/Rollstuhl
- ✓ Barrierefreie Website
- ✓ Spezialführungen/Angebote
- ✓ Induktive Höranlage

Nähere Infos auf www.museumsguide.at

Architekturzentrum Wien

- Museumsplatz 1, 1070 Wien
- Mo-So 10:00-19:00
- € 7 für Menschen mit Behindertenausweis
  frei für Assistenzperson

Kontakt:
Anne Wübben
wuebben@azw.at
www.azw.at

Das Architekturzentrum Wien zeigt, sammelt, diskutiert und erforscht, wie Architektur und Stadtentwicklung das tägliche Leben aller Menschen prägen. Auf einer Fläche von 2.000m^2 präsentiert das Haus internationale Themenausstellungen sowie eine Dauerausstellung, die Einblicke in die bedeutendste und umfassendste Sammlung zur österreichischen Architektur des 20. und 21. Jahrhunderts gibt. In über 500 Veranstaltungen im Jahr sowie einer öffentlichen Architekturbibliothek wird Wissen gesammelt und geteilt.

Barrierefreie Zugänglichkeit

Eingang: Barrierefreier Eingang, Behindertenparkplatz am Areal neben dem Az W

Im Gebäude: alle Ausstellungsräume

In Ausstellungen: Tastmodelle, taktile Pläne

Inklusive Führungen und Angebote

Zielgruppenspezifische Führungen:

- Barrierefreie Exkursionen für Blinde und Sehbehinderte zu Donau City, Gänsehäufel, Gasometer, Kabelwerk, Karl-Marx-Hof und MuseumsQuartier.
- Modelle ertasten, sich mittels taktiler Pläne orientieren, verschiedene Oberflächen fühlen, Hintergrundinformationen erhalten und die Atmosphäre akustisch erleben. So gestaltet sich eine Architekturführung für blinde und sehbehinderte Menschen.
- Barrierefreie Exkursion in einfacher Sprache „Die Wiener Ringstraße". Die Stadt kennenlernen, sich austauschen, Schwellen überwinden und dabei lustvoll die Architektur des Historismus erkunden ist das Ziel dieses Rundgangs.

Sensorische Vermittlungshilfen: Tastmodelle, taktile Pläne

Das Wichtigste auf einen Blick

- Barrierefreier Eingang
- Ermäßigter Eintritt
- Begleithunde erlaubt
- Spezialführungen/ Angebote

Nähere Infos auf www.museumsguide.at

Belvedere 21

Arsenalstraße 1, 1030 Wien

Di-So 11:00-18:00
Do 11:00-21:00

€ 3 für Menschen mit Behindertenausweis
€ 3 für Assistenzperson

Preise für inklusive Führungen und Workshops: € 5

Kontakt:

Julia Haimburger
public@belvedere.at
www.belvedere.at

Das Belvedere 21 ist Schauplatz für die Kunst der Gegenwart. In einem einzigartigen Bau der Nachkriegsmoderne, konzipiert von Karl Schwanzer, wird österreichische und internationale Kunst von den 1960er-Jahren bis zu den neuesten Tendenzen gezeigt. Das Belvedere 21 ist nicht nur Ort für Kunst, Film und Performance, sondern auch sozialer Treffpunkt in einem urbanen Zukunftsgebiet.

Barrierefreie Zugänglichkeit

Eingang: ebenerdiger Zugang durch den Haupteingang, automatische Doppelschwingtüre mit Taster zu öffnen. Der Skulpturengarten verfügt über einen barrierefreien Zugang.

Im Gebäude:
alle Ausstellungsräume, Lift, WC-Anlagen, Garderobe, Shop, Café

In Ausstellungen: vereinzelt Sitzgelegenheiten vor Ort, optional Hocker zum Ausleihen, Übersichtspläne in Braille auf Nachfrage, ausreichend Bewegungsfläche für Rollstuhlnutzer:innen

Wie Inhalte vermittelt werden

in Leichter Sprache:
Ausstellungsrundgänge

in Brailleschrift: Übersichtspläne in Brailleschrift zum Ausleihen

multimedial: App Smartify
QR codes: zu barrierefreien PDFs, zur App Smartify

Sonstiges: Architekturmodell zum Ertasten

Inklusive Führungen und Angebote

Zielgruppenspezifische Führungen:
- regelmäßiges Vermittlungsprogramm „Anders Sehen“: inklusive Kunstbetrachtung mit Schwerpunkt auf multisensorische Vermittlung für sehende, sehbeeinträchtigte und blinde Besucher:innen.
- „Einfach gesagt“: inklusiver Rundgang in verständlicher Sprache

Inklusive Führungen und Workshops: Alle inklusiven Angebote, sowie Rundgänge mit Gebärdensprachdolmetscher:in sind auch auf Anfrage buchbar.

Sensorische Vermittlungshilfen: Während angeleiteten Rundgängen werden Materialien und Objekte gemeinsam ertastet und darüber hinaus weitere Sinne einbezogen.

Das Wichtigste auf einen Blick

- Barrierefreier Eingang
- Ermäßigter Eintritt
- Barrierefreier Empfang
- Begleithunde erlaubt
- Barrierefreie WCs
- Taktile Orientierungshilfen
- Verleih von Rollator/Rollstuhl
- Barrierefreie Website
- Spezialführungen/Angebote

Nähere Infos auf www.museumsguide.at

Eine multisensorische Führung für Menschen mit und ohne Sehbeeinträchtigung

Barrierefreie Zugänglichkeit

Eingang: Der Haupteingang des Dom Museum Wien ist stufenlos (Türbreite: 154 cm, barrierefreie kraftbetriebene Drehtüre).

Im Gebäude: Zugang zu den Ausstellungsräumen per Lift (Türbreite: 102 cm).
Die Erreichbarkeit aller Sammlungsbereiche ist gewährleistet. Garderobe und WC-Anlagen sind barrierefrei.

In Austellungen: Faltstühle und Sitzhocker stehen zur Verfügung. Vitrinen sind unterfahrbar.

Wie Inhalte vermittelt werden

in Leichter Sprache: Für die Dauerausstellung liegen in Großdruck gestaltete Begleithefte „Einfach erklärt" zur freien Entnahme auf.

multimedial:
Die App „Dom Museum Wien" ist als Gratis-Download für Apple oder Android Smartphones zur Vor- und Nachbereitung des Museumsbesuchs und auch vor Ort mit Leihgeräten verfügbar.
Die App kann eigenständig von blinden und sehbeeinträchtigten Personen bedient werden. Sie beinhaltet zur Dauerausstellung Videos in österreichischer Gebärdensprache.

Inklusive Führungen und Angebote

Zielgruppenspezifische Führungen:

- Für Gruppen sehbeeinträchtigter Personen werden Touch Tours angeboten, bei denen Höhepunkte der Sammlung, vor allem die Schätze rund um Rudolf den Stifter, auch haptisch erschlossen werden können und andere Kunstwerke so beschrieben werden, dass ein gutes Bild im Kopf entsteht.

- Die Workshop-Reihe „Dem Zentrum so nah" wurde gemeinsam mit Tageszentren, die Menschen mit Demenz betreuen, entwickelt. Sie ruft Erinnerungen wach, entdeckt Neues in der Kunst und verbindet beides mit dem Hier und Jetzt.

- Inklusive Kunstvermittlungsprogramme richten sich an Menschen mit unterschiedlichen biographischen Hintergründen und verbinden Kunsterlebnis mit kreativem Tun im Dom Atelier.

Sensorische Vermittlungshilfen:

- Das berühmte Porträt Rudolf des Stifters und ein Ausschnitt seiner kostbaren Grabhülle gibt es als Reliefdarstellung zur taktilen Erkundung. Ausführliche Audio-Beschreibungen dazu bietet die Dom Museum Wien App.

- Für geführte Gruppen gibt es weitere multisensorische Vermittlungsmaterialien.

Das Wichtigste auf einen Blick

- ✓ Barrierefreier Eingang
- ✓ Ermäßigter Eintritt
- ✓ Barrierefreier Empfang
- ✓ Begleithunde erlaubt
- ✓ Barrierefreie WCs
- ✓ Taktile Orientierungshilfen
- ✓ Verleih von Rollator/Rollstuhl
- ✓ Barrierefreie Website
- ✓ Spezialführungen/Angebote

Nähere Infos auf www.museumsguide.at

Feuerwehrmuseum Wien

Am Hof 7, 1010 Wien

Di 14:00-17:00
So und Feiertag
09:00-12:00

frei für Menschen mit Behindertenausweis
frei für Assistenzperson

Kontakt:
feuerwehrmuseum@ma68.wien.gv.at
www.feuerwehr.wien.gv.at

Das Wiener Feuerwehrmuseum zeigt in acht Schauräumen historische Uniformen, Geräte, Fotos, Gemälde und Dokumente aus der mehr als 3 Jahrhunderten alten Geschichte der Berufsfeuerwehr der Stadt Wien. Bemerkenswerte und tragische Ereignisse wie zum Beispiel der Brand des Ringtheaters, der Brand der Rotunde oder des Justizpalastes werden ebenfalls beleuchtet.

Barrierefreie Zugänglichkeit

Eingang: barrierefreier Seiteneingang

Im Gebäude: alle Ausstellungsräume, Garderobe, Lift, WCs

In Ausstellungen: barrierefreier Fliesen-/Parkettboden, Sitzgelegenheit

Wie Inhalte vermittelt werden

multimedial: Hearonymus Audioguide

Das Wichtigste auf einen Blick

- ✓ Barrierefreier Eingang
- ✓ Begleithunde erlaubt
- ✓ Barrierefreie WCs
- ✓ Barrierefreie Website

Nähere Infos auf www.museumsguide.at

Globenmuseum und Esperantomuseum der ÖNB

Herrengasse 9, 1010 Wien

Juni-September:
Mo-Mi 10:00-18:00 und
Do 10:00-21:00 und
Fr-So 10:00-18:00
Oktober-Mai:
Di-Mi 10:00-18:00 und
Do 10:00-21:00 und
Fr-So 10:00-18:00

€ 4 für Menschen mit
Behindertenausweis
frei für Assistenzperson

Kontakt:
kulturvermittlung@onb.ac.at
www.onb.ac.at/museen

Das Globenmuseum der Österreichischen Nationalbibliothek ist das einzige seiner Art weltweit. Es präsentiert rund 250 wertvolle Erd- und Himmelsgloben vom 16. Jahrhundert bis in die Gegenwart. Das Esperanto-museum der Österreichischen Nationalbibliothek thematisiert die Entstehung, Verbreitung und Verwendung von bewusst geschaffenen Sprachen - sogenannten Plansprachen wie Esperanto, das seit mehr als 130 Jahren verwendet wird.

Barrierefreie Zugänglichkeit

Eingang: Barrierefrei

Im Gebäude: Lift

Wie Inhalte vermittelt werden

Als Hörtexte: Audioguides mit Transkripten für Menschen mit Hörbeeinträchtigungen

Das Wichtigste auf einen Blick

- ✓ Barrierefreier Eingang
- ✓ Ermäßigter Eintritt

Nähere Infos auf www.museumsguide.at

Haus der Geschichte Österreich

Neue Burg, Heldenplatz,
1010 Wien

Di-So 10:00–18:00
Do 10:00-21:00

€ 6 für Menschen mit Behindertenausweis
frei für Assistenzperson

Preise für inklusive Führungen und Workshops: € 0 bis € 6

Kontakt:
vermittlung@hdgoe.at
www.hdgoe.at

Das Haus der Geschichte Österreich lädt zur Auseinandersetzung mit der ambivalenten österreichischen Geschichte ein. Die Hauptausstellung thematisiert gesellschaftliche Veränderungen und politische Bruchlinien ausgehend von der Gründung der Republik 1918. Am Alma Rosé-Plateau zeigt das Museum wechselnde Ausstellungen, viele davon zum Thema Nationalsozialismus und Erinnerungskultur.

Barrierefreie Zugänglichkeit

Eingang: Barrierefreier Zugang über die linke Rampe der Neuen Burg, Stiegenlift zur Eingangshalle der Neuen Burg, bedienbar mit Eurokey oder Klingel. Ausführliche Wegführung von öffentlichen Verkehrsstationen in der Nähe als barrierefreies PDF auf der hdgö-Website. Parkplätze für mobilitätseingeschränkte Personen im Kurzparkzonenbereich am Heldenplatz.

Im Gebäude:
alle Ausstellungsräume, Garderobe, WCs, Café- und Snackautomat, Lift, Verleih von Rollstuhl (mit Anmeldung)

In Ausstellungen: Barrierefreier Boden, Bewegungsmöglichkeiten für Rollstuhlnutzer:innen, Leselupen, Sitzgelegenheiten, Stockholm Chairs, Audioguide-Geräte mit Induktionsschleife, Begleithunde erlaubt

Wie Inhalte vermittelt werden

in Leichter Sprache:
Führungen, Workshops

als Hörtexte: Drei Audio-Themenwege, auch online unter www.hdgoe.at/audioguides

multimedial: Medienstationen

Inklusive Führungen und Angebote

Zielgruppenspezifische Führungen:
- Führungen in Leichter Sprache: Wie ist in Österreich eine Demokratie entstanden und wie hat sie sich verändert? Wie ging es den Menschen vor 100 Jahren bis heute? Und was waren wichtige Momente, die das Zusammenleben in Österreich verändert haben? Die Führung in einfacher Sprache begleitet durch die Hauptausstellung des Museums. Sie gibt einen Überblick über die Geschichte Österreichs seit 1918.

Inklusive Workshops:

- Workshop für Menschen, die Deutsch als Zweitsprache lernen: Der Workshop „Was ist Österreich für dich?“ stellt den Blick der Teilnehmenden auf Österreich in den Mittelpunkt. Gemeinsam werden interaktiv und in leicht verständlicher Sprache wichtige Themen und Objekte der Hauptausstellung diskutiert. Dabei werden Ereignisse aus der Geschichte mit dem Wissen und den Fragen der Teilnehmenden verbunden.

Sensorische Vermittlungshilfen: Hörstationen

Das Wichtigste auf einen Blick

- Barrierefreier Eingang
- Ermäßigter Eintritt
- Barrierefreier Empfang
- Begleithunde erlaubt
- Barrierefreie WCs
- Verleih von Rollator/Rollstuhl
- Barrierefreie Website
- Spezialführungen/Angebote
- Induktive Höranlage

Nähere Infos auf www.museumsguide.at

Jüdisches Museum Wien Dorotheergasse

Palais Eskeles,
Dorotheergasse 11,
1010 Wien

So-Fr 10:00-18:00

€ 11 für Menschen mit Behindertenausweis
frei für Assistenzperson

Kontakt:
tours@jmw.at
www.jmw.at

Das Jüdische Museum Wien ist ein Ort der Auseinandersetzung mit jüdischer Geschichte, Religion und Kultur, vom Mittelalter bis zur Gegenwart. Die permanente Ausstellung bietet einen umfassenden Überblick zur Wiener jüdischen Geschichte und zeigt die größte europäische Judaica-Sammlung. Zusätzliche Wechselausstellungen verbinden die jüdische Stadtgeschichte mit globalen kultur- und sozialgeschichtlichen Themen.

Barrierefreie Zugänglichkeit

Eingang: Barrierefreier Eingang

Im Gebäude: Alle Museums- und Ausstellungsbereiche sind barrierefrei.

Wie Inhalte vermittelt werden

als Hörtexte: Audioguide mit Abbildungen und Videos für die Dauerausstellung.

Inklusive Führungen und Angebote

Zielgruppenspezifische Führungen:
Monatliche Führung in Gebärdensprache

Inklusive Führungen und Workshops:
Nach individuellen Bedürfnissen buchbare Spezialführungen

Sensorische Vermittlungshilfen: Hörstationen

Das Wichtigste auf einen Blick

- ✓ Barrierefreier Eingang
- ✓ Ermäßigter Eintritt
- ✓ Barrierefreier Empfang
- ✓ Begleithunde erlaubt
- ✓ Barrierefreie WCs
- ✓ Verleih von Rollator/Rollstuhl
- ✓ Barrierefreie Website
- ✓ Spezialführungen/Angebote

Nähere Infos auf www.museumsguide.at

Jüdisches Museum Wien Judenplatz

Judenplatz 8, 1010 Wien

Winterzeit:
So-Fr 10:00-14:00
Sommerzeit:
So-Fr 10:00-17:00

€ 11 für Menschen mit Behindertenausweis
frei für Assistenzperson

Kontak:
tours@jmw.at
www.jmw.at

Das Museum Judenplatz, als zweiter Standort des Jüdischen Museums Wien, war einst Zentrum jüdischen Lebens und zeigt in seiner Dauerausstellung das Wiener Judentum im Mittelalter. Unterirdisch sind das Fundament der mittelalterlichen Synagoge sowie ausgewählte Grabungsfunde zu sehen. An diesem Standort finden auch wechselnde Ausstellungen statt.

Barrierefreie Zugänglichkeit

Eingang: Barrierefreier Eingang

Im Gebäude: Alle Museums- und Ausstellungsbereiche sind barrierefrei.

Wie Inhalte vermittelt werden

multimedial: Medienguide zur Ausgrabung beinhaltet Texte und Fotos.

Inklusive Führungen und Angebote

Sensorische Vermittlungshilfen: Hörstationen, drei taktile Stationen mit Brailleschrift

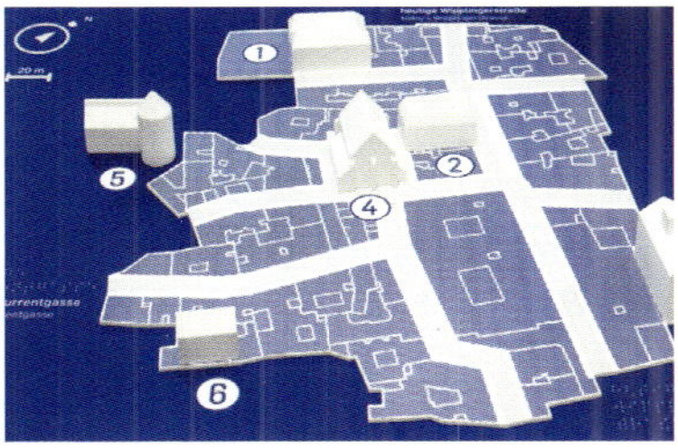

Ein taktiler Plan in Brailleschrift

Das Wichtigste auf einen Blick

- ✓ Barrierefreier Eingang
- ✓ Ermäßigter Eintritt
- ✓ Barrierefreier Empfang
- ✓ Begleithunde erlaubt
- ✓ Barrierefreie WCs
- ✓ Verleih von Rollator/Rollstuhl
- ✓ Barrierefreie Website
- ✓ Spezialführungen/Angebote

Nähere Infos auf www.museumsguide.at

Kaiserliche Schatzkammer Wien

Schweizerhof, 1010 Wien

Mi-Mo 9:00-17:30

€ 12 für Menschen mit Behindertenausweis
€ 12 für Assistenzperson

Kontakt:
Julia Häußler
julia.haeussler@khm.at
www.kaiserliche-schatzkammer.at

In der Kaiserlichen Schatzkammer Wien werden einige der berühmtesten Kronen Europas, Kunstgegenstände von größter politischer Bedeutung und sagenumwobene magische oder heilige Objekte aufbewahrt. Diese Zeichen der Macht erzählen von mehr als eintausend Jahren europäischer Geschichte.

Barrierefreie Zugänglichkeit

Eingang: Haupteingang stufenlos, Türbreite 200cm, Doppelschwingtüre, dahinter Rampe bis zur Kassa, öffentliche Behinderten-Parkplätze am Heldenplatz

Im Gebäude: Lift vorhanden (Türbreite 80 cm, Kabinentiefe 140 cm, Kabinenbreite 110 cm), Barrierefreies WC im Kassa- bzw. Shopbereich

In Ausstellungen: Ausstellungsräume über Stufen oder Lift erreichbar

Wie Inhalte vermittelt werden

als Hörtexte: Audioguide

in Gebärdensprache: Videos in ÖGS und IS in der Online Sammlung unter www.khm.at/objektdb

multimedial: Infoscreen zur Reichskrone

Inklusive Führungen und Angebote

Zielgruppenspezifische Führungen: Inklusive Führungen auf Anfrage jederzeit möglich

- Tastführungen
- Gebärdensprache
- Einfache Sprache
- Menschen mit Demenz/ Vergesslichkeit

Die Reichskrone wird auf einem multimedialen Tablet gezeigt

Das Wichtigste auf einen Blick

- Barrierefreier Eingang
- Ermäßigter Eintritt
- Barrierefreier Empfang
- Begleithunde erlaubt
- Barrierefreie WCs
- Verleih von Rollator/Rollstuhl
- Barrierefreie Website
- Spezialführungen/Angebote
- Induktive Höranlage

Nähere Infos auf www.museumsguide.at

RAPIDEUM

Gemeinsam · Kämpfen · Sieger

Rapid ist Geschichte, werde ein Teil von ihr!

Dieser Spruch ist an der Wand der Spielerkabine des SK Rapid angeführt. Nur einige Schritte daneben liegt das Rapideum, das Vereinsmuseum des SK Rapid, wo die Geschichte des traditionsreichen Vereins auf 165m² lebendig wird. Der präsentierte Bogen spannt sich von der Gründung des 1. Wiener Arbeiter Fußball-Clubs 1897 bis in die Gegenwart.

Neben 31 Vitrinen, zwei originalgetreuen Stadionmodellen und zahlreichen Videos laden 59 versteckte Laden und Kästen unter dem Motto „Gemeinsam. Kämpfen. Siegen." dazu ein, in die lange, traditionsreiche Klubgeschichte einzutauchen. Außerdem ist es möglich, im Anschluss daran bei einer Führung (Buchung vorab verpflichtend) auch die wichtigsten Punkte des Allianz-Stadions zu erkunden. Führungen durch Stadion und Museum sind durchgängig barrierefrei möglich. In regelmäßigen Abständen werden offene Führungen durch Stadion und Rapideum angeboten, diese dauern 90 Minuten.

Alternativ besteht weiters die Möglichkeit, eine individuelle Gruppenführung zu buchen. Melde dich hierzu am besten unter museum@skrapid.com oder schau online auf skrapid.at/fuehrungen vorbei!

ÖFFNUNGSZEITEN
Montag bis Samstag: 11:00 Uhr bis 18:00 Uhr
Öffnungszeiten an Spieltagen: siehe skrapid.at/rapideum

TICKETS
Vollpreis: € 7,– Ermäßigt*: € 5,– Kinder (6-14 Jahre): € 3,–

*Dieser Preis gilt auch für InhaberInnen eines Behindertenpasses – weitere Ermäßigungen sind hier zu finden: skrapid.at/rapideum. Tickets können im Fancorner im Allianz-Stadion erworben werden.

KONTAKT
Allianz Stadion, Gerhard-Hanappi-Platz 1, 1140 Wien

skrapid.at/rapideum, museum@skrapid.com

Kaiserliche Wagenburg Wien

Schloss Schönbrunn,
1130 Wien

15.3.-30.11. täglich
9:00-17:00
1.12.-14.3. täglich
10:00-16:00

€ 9 für Menschen mit Behindertenausweis
€ 9 für Assistenzperson

Kontakt:
Julia Häußler
Julia.Haeussler@khm.at
www.kaiserliche-wagenburg.at

Die kaiserliche Wagenburg entführt die Besucher:innen in die Welt des Wiener Hofes. Fahrzeuge, Gemälde, Reitutensilien und prächtige Gewänder erzählen vom Leben von Maria Theresia, Napoleon, Franz Joseph oder Sisi. Man erlebt Mobilität im Laufe der Geschichte – vom barocken Imperialwagen, über Reise-, Sport- und Kinderkutschen bis zum modernen Hochgeschwindigkeitsfahrzeug.

Barrierefreie Zugänglichkeit

Eingang: Haupteingang über 3 cm hohe Stufe, Doppeltüre (Gehflügel 68 cm breit)

Im Gebäude: Eingang zur Sammlung: Doppelschwingtüren, Gesamtbreite 130 cm. Ausstellungsbereich ebenerdig barrierefrei. Bereich im 1. Stock über eine Treppe erreichbar (Breite 128 cm, 12 Stufen, Zwischenpodest, dann 155 cm, 10 Stufen, Handlauf auf beiden Seiten der Treppe in 100 cm Höhe). WC außerhalb der Wagenburg, derzeit nicht barrierefrei.

In Ausstellungen: Mehrere Sitzgelegenheiten

Wie Inhalte vermittelt werden

als Hörtexte: Audioguide

multimedial: Mehrere Videos mit Ton in deutscher und Untertiteln in englischer Sprache

Inklusive Führungen und Angebote

Zielgruppenspezifische Führungen: Inklusive Führungen auf Anfrage jederzeit möglich (Tastführungen, Gebärdensprache, Einfache Sprache, Menschen mit Demenz/Vergesslichkeit)

Das Wichtigste auf einen Blick

- Barrierefreier Eingang
- Ermäßigter Eintritt
- Barrierefreier Empfang
- Begleithunde erlaubt
- Verleih von Rollator/Rollstuhl
- Barrierefreie Website
- Spezialführungen/Angebote
- Induktive Höranlage

Nähere Infos auf www.museumsguide.at

Klimt Villa Wien

Feldmühlgasse 11,
1130 Wien

Mi-So und Feiertage
10:00-18:00

€ 8 für Menschen mit Behindertenausweis
frei für Assistenzperson

Preise für inklusive Führungen und Workshops:
ab 8 Personen € 64

Kontakt:
info@klimtvilla.at
www.klimtvilla.at

Mitten in Hietzing, in ruhiger Lage zwischen Wohnhäusern, befindet sich in einem großzügigen Garten eine neobarrocke zweigeschoßige Villa. An diesem Ort schuf Gustav Klimt von 1911 bis zu seinem Tod 1918 in einem ebenerdigen Gartenhaus, welches er als Atelier nutzte, einige seiner wichtigsten Werke. Heute ist die Klimt Villa ein Museum deren Ziel es ist auch, einen kritischen Blick auf die Geschichte rund um Gustav Klimt zu werfen.

Barrierefreie Zugänglichkeit

Eingang: Ebenerdiger Eingang

Im Gebäude: Garderobe als auch WC Anlage im EG sind barrierefrei

In Ausstellungen: Ausstellung ist barrierefrei

Das Wichtigste auf einen Blick

- ✓ Barrierefreier Eingang
- ✓ Ermäßigter Eintritt
- ✓ Barrierefreier Empfang
- ✓ Begleithunde erlaubt
- ✓ Barrierefreie WCs

Nähere Infos auf www.museumsguide.at

KUNST HAUS WIEN Museum Hundertwasser

Untere Weißgerberstraße 13, 1030 Wien

Mo-So 10:00-18:00

frei für Menschen mit Behindertenausweis
frei für Assistenzperson

Preise für inklusive Führungen und Workshops: € 0 bis € 5

Kontakt:
Jasmin Ofner: jasmin.ofner@kunsthauswien.com
www.kunsthauswien.com

Das KUNST HAUS WIEN widmet sich, als erstes Grünes Museum Österreichs, ökologischen und gesellschaftlich relevanten Themen rund um den Gründer Friedensreich Hundertwasser. Auf vier

Ausstellungsebenen vereint das begrünte Haus, Werke von zeitgenössischen Künstler:innen mit dem Museum Hundertwasser – die weltweit größte permanente Präsentation der Werke des österreichischen Künstlers und Visionärs.

Barrierefreie Zugänglichkeit

Eingang: barrierefreier Eingang durch den Innenhof über Weißgerberlände, sowie seitlich über Glocke bei Haupteingang

Im Gebäude: Garderobe und WC sind im Erdgeschoss barrierefrei zugänglich, jedes Stockwerk kann über einen Aufzug erreicht werden: Zugang zu Lift im Erdgeschoss über Innenhof (wird von Museumspersonal bedient)

In Ausstellungen: Der unebene Fliesen- und Holzboden im gesamten Haus ist barrierefrei befahr- und begehbar, eine Begleitperson ist von Vorteil. Sitzmöglichkeiten in allen Ausstellungsräumen sowie mobile Klappstühle für Besucher:innen zum Ausborgen. Leih-Rollstuhl beim Eingang auf Nachfrage erhältlich.

Wie Inhalte vermittelt werden

als Hörtexte: Audioguide für Museum Hundertwasser in den Sprachen Deutsch, Englisch, Französisch, Ungarisch, Russisch und Ukrainisch

QR codes: zu Künstler:innen-Videos in der Wechselausstellung

Inklusive Führungen und Angebote

Zielgruppenspezifische Führungen:
- regelmäßige Führungen mit Gebärdensprachdolmetscher:innen
- Führungen für Deutschlernende in einfacher Sprache
- Führungen für Blinde und sehschwache Menschen

Sensorische Vermittlungshilfen: Tastobjekte, Brunnen

Das Wichtigste auf einen Blick

- ✓ Barrierefreier Eingang
- ✓ Ermäßigter Eintritt
- ✓ Barrierefreier Empfang
- ✓ Begleithunde erlaubt
- ✓ Barrierefreie WCs
- ✓ Verleih von Rollator/Rollstuhl
- ✓ Barrierefreie Website
- ✓ Spezialführungen/Angebote

Nähere Infos auf www.museumsguide.at

Kunsthalle Wien

Museumsplatz 1,
1070 Wien

Di-So 11:00-19:00
Do 11:00-21:00

eine Ausstellung € 6
beide Ausstellungen € 9
für Menschen mit
Behindertenausweis
frei für Assistenzperson

Preise für inklusive
Führungen und
Workshops: frei bis € 6

Kontakt:
office@kunsthallewien.at
www.kunsthallewien.at

Die Kunsthalle Wien widmet sich der zeitgenössischen Kunst und ihrer Rolle in gesellschaftlichen Veränderungsprozessen. Besonderes Interesse gilt dabei künstlerischen Zugängen außerhalb der Machtzentren sowie den Verknüpfungen zwischen Kunst und diversen Formen von Aktivismus.

Barrierefreie Zugänglichkeit

Eingang: Barrierefreier Zugang, Haupteingang und Garderobenbereich

Im Gebäude: Alle Ausstellungsräume, Kaffeehaus und Toiletten per Lift erreichbar

In Ausstellungen: Barrierefreie Fläche, Bewegungsraum für Rollstuhlfahrer:innen, Sitzgelegenheiten, Orientierungshilfen, Markierungen von Glastüren

Wie Inhalte vermittelt werden

in Gebärdensprache: digitale Führungen in ÖGS

Inklusive Führungen und Angebote

Zielgruppenspezifische Führungen: Führungen analog und digital in ÖGS

Das Wichtigste auf einen Blick

- ✓ Barrierefreier Eingang
- ✓ Ermäßigter Eintritt
- ✓ Barrierefreier Empfang
- ✓ Begleithunde erlaubt
- ✓ Barrierefreie WCs
- ✓ Verleih von Rollator/Rollstuhl
- ✓ Barrierefreie Website
- ✓ Spezialführungen/ Angebote

Nähere Infos auf www.museumsguide.at

Kunsthistorisches Museum Wien

Burgring 5, 1010 Wien

Di-So 10:00-18:00
Do 10:00-21:00

€ 15 für Menschen mit Behindertenausweis
€ 15 für Assistenzperson

Preise für inklusive Führungen und Workshops: auf Anfrage

Kontakt:
Julia Häußler
julia.haeussler@khm.at
www.khm.at

Das Kunsthistorische Museum Wien zählt zu den bedeutendsten Museen der Welt. Die reichhaltigen Sammlungen waren ursprünglich im Besitz der kaiserlichen Familie Habsburg. Knapp vier Millionen Objekte umspannen einen Zeitraum von 5000 Jahren. Besondere Höhepunkte sind die Gemälde von Pieter Bruegel dem Älteren, die Kostbarkeiten der Kunstkammer Wien und die Ägyptisch Orientalische Sammlung.

Barrierefreie Zugänglichkeit

Eingang: barrierefreier Eingang Burgring 5

Im Gebäude: alle Ausstellungsräume, Garderobe, 2 Lifte, 5 WCs, Café, Shop

In Ausstellungen: barrierefreier Boden, Bewegungsraum für Rollstuhlfahrer:innen, Sitzgelegenheiten, Orientierungshilfen, Pläne in Braille vor Ort, Pläne als Audiodatei auf der Website zum Download

Das Gemälde „Bauer und Vogeldieb“ von Pieter Bruegel dem Älteren von 1568 als Tastrelief

Wie Inhalte vermittelt werden

als Hörtexte: Audioguide mit Objektbeschreibungen für blinde und sehbeeinträchtigte Menschen

in Gebärdensprache:
- Teaser in Gebärdensprache in ÖGS und IS für Sonderausstellungen und Informationen zu den Sammlungen

- 100 Meisterwerke in ÖGS und IS in der Onlinedatenbank

in Brailleschrift:
- taktiler Orientierungsplan

- Publikation zum Ausleihen und zum Kaufen: „Gemeinsam anders sehen“. Die Kunst der Alten Meister mit allen Sinnen erleben (optische, haptische und auditive Elemente, Texte in Braille)

Sonstiges: in Sonderausstellungen Big Letter Books mit Objektbeschreibungen in großer Schrift

Inklusive Führungen und Angebote

Zielgruppenspezifische Führungen:
Barriere*FREI*Tag:
- Tastführungen jeden ersten Freitag im Monat
- Führungen in Gebärdensprache jeden zweiten Freitag im Monat
- Führungen in einfacher Sprache jeden dritten Freitag im Monat
- Führungen für Menschen mit Demenz und Begleiter:innen jeden vierten Freitag im Monat

Eintritt und Führung kostenfrei

Inklusive Führungen und Workshops: Inklusive Führungen und Workshops auf Anfrage jederzeit möglich.

Sensorische Vermittlungshilfen: Ausgewählte Kunstwerke und Objekte stehen als Tastreliefs, als Thermodrucke oder als Repliken für blinde und sehbeeinträchtigte Menschen zum Ertasten zur Verfügung. Auf Anfrage gibt es zu den Tastreliefs Bildbeschreibungen in Braille.

Das Wichtigste auf einen Blick

- Barrierefreier Eingang
- Ermäßigter Eintritt
- Barrierefreier Empfang
- Begleithunde erlaubt
- Barrierefreie WCs
- Taktile Orientierungshilfen
- Verleih von Rollator/Rollstuhl
- Barrierefreie Website
- Spezialführungen/Angebote
- Induktive Höranlage

Nähere Infos auf www.museumsguide.at

Vom Produzenten direkt zu Dir
Bauernladen
Das Beste aus Österreichs Regionen
Das Beste aus Österreichs Regionen -
Vom Produzenten direkt zu Dir
ÖSTERREICHS
GRÖSSTE DIREKT-
VERMARKTUNGSPLATTFORM
18.000
PRODUKTE VON
1.000
HEIMISCHEN
KLEIN- & FAMILIEN-
BETRIEBEN
Regionalität
& Qualität
Direkt vom
Produzenten
Ab Hof
& Versand
www.bauernladen.at

Leopold Museum

Museumsplatz 1, 1070 Wien

Mi-Mo 10:00-18:00
im Sommer
Mo-So 10:00-18:00

€ 11 für Menschen mit Behindertenausweis
frei für Assistenzperson

Kontak:t
besucherservice@
leopoldmuseum.org
www.leopoldmuseum.org

Das Leopold Museum beherbergt eine umfassende Sammlung österreichischer Kunst der zweiten Hälfte des 19. Jahrhunderts und der Moderne. Höhepunkt ist die Wien 1900-Ausstellung mit der weltweit größten Sammlung an Werken des österreichischen Expressionisten Egon Schiele, mit Meisterwerken von Gustav Klimt, sowie weiteren Werken der Wiener Moderne und Kunsthandwerk der Wiener Werkstätte.

Barrierefreie Zugänglichkeit

Eingang: Lift auf Rückseite der Hauptstiege; Glocke für barrierefreien Zugang neben Drehtür

Im Gebäude: Alle Räumlichkeiten mit Lift zu erreichen, WCs barrierefrei

In Ausstellungen: Steinboden und Parkett; keine Unebenheiten; teilweise Sitzmöglichkeiten vorhanden; Rollstuhl und Klappsessel auf Anfrage

Wie Inhalte vermittelt werden

als Hörtexte: Audioguides zu ausgewählten Werken und Sonderausstellung verfügbar; auch für Kinder und Jugendliche

Inklusive Führungen und Angebote

Zielgruppenspezifische Führungen: in Arbeit

Das Wichtigste auf einen Blick

- ✓ Barrierefreier Eingang
- ✓ Ermäßigter Eintritt
- ✓ Barrierefreier Empfang
- ✓ Barrierefreie WCs
- ✓ Verleih von Rollator/Rollstuhl

Nähere Infos auf www.museumsguide.at

Literaturmuseum der ÖNB

Johannesgasse 6,
1010 Wien

Juni-September:
Mo-Mi 10:00-18:00 und
Do 10:00-21:00 und
Fr-So 10:00-18:00
Oktober-Mai:
Di-Mi 10:00-18:00 und
Do 10:00-21:00 und
Fr-So 10:00-18:00

€ 5,50 für Menschen mit
Behindertenausweis
frei für Assistenzpers

Kontakt:
kulturvermittlung@onb.ac.at
www.onb.ac.at/museen/
literaturmuseum

Das Literaturmuseum der Österreichischen Nationalbibliothek präsentiert die ganze Vielfalt der österreichischen Literatur vom 18. Jahrhundert bis in die Gegenwart anhand von Originalhandschriften, Briefen, Fotos, Landkarten und Plakaten sowie Film-

und Hörbeispielen an audiovisuellen Stationen. Ingeborg Bachmann, Franz Kafka oder Friederike Mayröcker – das sind nur einige der bedeutenden Autor:innen, die präsentiert werden.

Barrierefreie Zugänglichkeit

Eingang: Barrierefrei mit Rampe

Im Gebäude: Lift

Das Wichtigste auf einen Blick

- ✓ Barrierefreier Eingang
- ✓ Ermäßigter Eintritt

Nähere Infos auf www.museumsguide.at

MAK – Museum für angewandte Kunst

Stubenring 5, 1010 Wien

Di 10:00-21:00
Mi-So 10:00-18:00

frei für Menschen mit Behindertenausweis
frei für Assistenzperson

Preise für inklusive Führungen und Workshops: lt. Webseite

Kontakt:
Katharina Egghart
katharina.egghart@mak.at
www.mak.at

Wie kaum eine andere Institution steht das MAK – Museum für angewandte Kunst für die fruchtbare Verbindung von Vergangenheit und Zukunft, die auch beim Besuch seiner umfangreichen Sammlung, seiner weitläufigen Schauräume, seiner themenbezogenen Sonderausstellungen und seines diskursiven Programms fühlbar und erlebbar wird. Die Verbindung von angewandter Kunst, Design, Architektur und Gegenwartskunst zählt zu den Kernkompetenzen des Museums.

Barrierefreie Zugänglichkeit

Eingang: Barrierefreier Eingang über eine Rampe seitlich vom Haupteingang

Im Gebäude: Alle Geschoße sind über barrierefreie Personenlifte erreichbar, barrierefreie Toiletteanlagen im Untergeschoss und 1. Obergeschoss vorhanden

Wie Inhalte vermittelt werden

in Leichter Sprache: in Arbeit für 2023

als Hörtexte: zu permanenten und ausgewählten temporären Ausstellungen vorhanden, Hörbücher auf guide.mak.at und auf der Webseite jederzeit abrufbar

in Gebärdensprache:
auf Anfrage ab 2023

multimedial:
Audioguide, MAK App

QR codes: vorhanden

Inklusive Führungen und Angebote

Zielgruppenspezifische Führungen:
auf Anfrage ab 2023

Inklusive Führungen und Workshops:
- auf Anfrage für Menschen mit Seh- und Lernschwäche
- in Vorbereitung für Demenzerkrankte

Sensorische Vermittlungshilfen: in geführten Rundgängen vorhanden

Der barrierefreie Eingang über eine Rampe

Das Wichtigste auf einen Blick

- ✓ Barrierefreier Eingang
- ✓ Barrierefreier Empfang
- ✓ Begleithunde erlaubt
- ✓ Barrierefreie WCs
- ✓ Taktile Orientierungshilfen
- ✓ Verleih von Rollator/Rollstuhl
- ✓ Barrierefreie Website
- ✓ Spezialführungen/Angebote

Nähere Infos auf www.museumsguide.at

Mozarthaus Vienna

Domgasse 5, 1010 Wien

Di-So 10:00-18:00

€ 4 für Menschen mit Behindertenausweis
frei für Assistenzperson

Kontakt:
info@mozarthausvienna.at
www.mozarthausvienna.at

Im Mozarthaus Vienna können Besucher:innen die einzige noch erhaltene Wiener Wohnung Mozarts erkunden, in welcher er mehr Musik komponierte als irgendwo sonst. Rund um diese Wohnung erwartet die Besucher:innen eine Präsentation der Zeit, in der Mozart lebte und seiner wichtigsten Werke. Im Mittelpunkt stehen die Wiener Jahre des Komponisten, die den Höhepunkt seines Schaffens darstellen.

Barrierefreie Zugänglichkeit

Eingang: barrierefrei

Im Gebäude:
alle Ausstellungsebenen, Shop, Konzertsaal sowie Toiletten barrierefrei

In Ausstellungen:
Audioguide-Leitsystem

Inklusive Führungen und Angebote

Zielgruppenspezifische Führungen: auf Anfrage

Inklusive Führungen und Workshops: auf Anfrage

Das Wichtigste auf einen Blick

- ✓ Barrierefreier Eingang
- ✓ Ermäßigter Eintritt
- ✓ Barrierefreier Empfang
- ✓ Begleithunde erlaubt
- ✓ Barrierefreie WCs
- ✓ Spezialführungen/Angebote

Nähere Infos auf www.museumsguide.at

mumok – Museum moderner Kunst Stiftung Ludwig Wien

Museumsplatz 1, 1070 Wien

Di-So 10:00-18:00

€ 11,50 für Menschen mit Behindertenausweis
frei für Assistenzperson

Kontakt:
Julia Hürner
julia.huerner@mumok.at
www.mumok.at

Das mumok ist das größte Museum im Zentrum Europas für die Kunst seit der Moderne. Es macht die internationale und österreichische Avantgarde in ihren unterschiedlichen Facetten für alle Kunstinteressierte zugänglich. Der markante dunkelgraue Basaltquader inmitten des MuseumsQuartiers Wien beherbergt eine außergewöhnliche Sammlung mit Hauptwerken der Klassischen Moderne, der Pop Art, des Fluxus und des Wiener Aktionismus bis hin zu aktueller Film- und Medienkunst.

Barrierefreie Zugänglichkeit

Eingang:

- barrierefreier Zugang über Lift links neben der Haupttreppe

- Neben der Drehtür befinden sich zwei einflügelige, schwere Türen mit einer Durchgangsbreite von 120cm jeweils.

- Über die Türglocke (in 1m Höhe) kann die Sicherheitszentrale verständigt werden.

- Die Mitnahme von Assistenzhunden ist möglich, sofern sie im Behindertenausweis eingetragen sind.

Im Gebäude:

- Der mumok Shop Eingangsbereich des Museums

- Das mumok Café ist über die Lifte im Museumsbereich zu erreichen.

- Mit drei Aufzügen (152x90 cm) sind alle Ausstellungsebenen und das mumok kino erreichbar.

- In der Garderobe können ein Rollstuhl und stabile Klapphocker ausgeliehen werden, vereinzelt Sitzmöbel in den Räumen.

- Rollstuhlgerechte Toiletten befinden sich bei allen WC-Anlagen im Museum (in den Damentoiletten beim mumok Café und bei der Garderobe, geschlechtsneutrale Behindertentoiletten befinden sich auf der Ebene –2 und auf Ebene 5 bei der mumok Lounge).

- Ein barrierefreier Zugang zur mumok Lounge ist bei Veranstaltungen über einen Treppenlift möglich (Benutzung mit geschultem Personal aus der Sicherheitszentrale).

- Das mumok Atelier ist über wenige Treppen von der Ebene -2b aus zu erreichen. Ein Rollstuhllift ermöglicht einen barrierefreien Zugang (Benutzung mit geschultem Personal aus der Sicherheitszentrale).

Wie Inhalte vermittelt werden

In Gebärdensprache/ multimedial: Video on Demand mit Übersetzung in österreichische Gebärdensprache zu aktuellen Ausstellungen unter www.mumok.at/de/video-on-demand

Das Wichtigste auf einen Blick

- ✓ Barrierefreier Eingang
- ✓ Ermäßigter Eintritt
- ✓ Barrierefreier Empfang
- ✓ Begleithunde erlaubt
- ✓ Barrierefreie WCs
- ✓ Verleih von Rollator/Rollstuhl
- ✓ Barrierefreie Website
- ✓ Spezialführungen/ Angebote

Nähere Infos auf www.museumsguide.at

Naturhistorisches Museum Wien

Burgring 7, 1010 Wien

Do-Mo 9:00-18:30
Mi 9:00-21:00

€ 10 für Menschen mit Behindertenausweis
€ 10 für Assistenzperson

Kontakt:
info@nhm.at
www.nhm.at

Das Naturhistorische Museum bewahrt, erweitert, beforscht und präsentiert seine umfangreichen biologischen, erdwissenschaftlichen, anthropologischen und archäologischen Sammlungen in einem als Gesamtkunstwerk angelegten Gebäude. Es vermittelt die Vielfalt der Natur, die Evolution des Planeten Erde und des Lebens sowie die damit verbundene kulturelle Entwicklung des Menschen und bietet einen inspirierenden Begegnungsort, an dem Dialog und Austausch zwischen Wissenschaft und Gesellschaft stattfinden.

Barrierefreie Zugänglichkeit

Eingang: Barrierefreier Eingang Burgring 7, 1010 Wien

Im Gebäude: barrierefreies WC in jedem Stockwerk; Lift

Wie Inhalte vermittelt werden

als Hörtexte:
Audioguide zu 15 ausgewählten Objekten aus Mineralogie, Geologie und Anthropologie für blinde und sehbeeinträchtigte Menschen

in Brailleschrift: Braillebroschüre zu 15 ausgewählten Objekten aus Mineralogie, Geologie und Anthropologie

Sonstiges: Zahlreiche Hands-on Stationen

Inklusive Führungen und Angebote

Zielgruppenspezifische Führungen: Führungen mit sprachsensiblem Ansatz für Volksschulen

Sensorische Vermittlungshilfen: NHM Wien interaktiv auf der website unter Führungen/Schulen/Informationen für Lehrer:innen

Das Wichtigste auf einen Blick

- ✓ Barrierefreier Eingang
- ✓ Ermäßigter Eintritt
- ✓ Barrierefreier Empfang
- ✓ Begleithunde erlaubt
- ✓ Barrierefreie WCs
- ✓ Verleih von Rollator/Rollstuhl
- ✓ Barrierefreie Website
- ✓ Spezialführungen/Angebote

Nähere Infos auf www.museumsguide.at

Oberes Belvedere

Prinz Eugen-Straße 27,
1030 Wien

Mo-So 10:00-18:00

€ 4 für Menschen mit Behindertenausweis
€ 4 für Assistenzperson

Preise für inklusive Führungen und Workshops: € 5

Kontakt:
Julia Haimburger
public@belvedere.at
www.belvedere.at

Das Belvedere ist Weltkulturerbe, Barockjuwel und Ort des österreichischen Staatsvertrags. Highlights sind die Architektur des Schlosses, der berühmte Blick über Wien und österreichische Kunst vom Mittelalter bis heute – darunter die weltweit größte Sammlung von Klimt-Gemälden mit dem Kuss, Werke von Egon Schiele, Oskar Kokoschka, Franz Xaver Messerschmidt und des Wiener Biedermeier.

Barrierefreie Zugänglichkeit

Eingang: ebenerdiger Zugang durch den Haupteingang, zwei einflügelige, schwere Türen (Durchgangsbreite 102cm)

Im Gebäude: alle Ausstellungsräume, 2 Lifte, WC-Anlagen, Garderobe, Shop, Café

In Ausstellungen: Sitzgelegenheiten, Orientierungshilfen, Übersichtspläne in Braille auf Nachfrage vor Ort, ausreichend Bewegungsfläche für Rollstuhlnutzer:innen

Wie Inhalte vermittelt werden

in Leichter Sprache: Booklet, wechselnde Themenführungen

als Hörtexte: Audioguide zur Sammlung

in Gebärdensprache: Multimediaguide in ÖGS

in Brailleschrift: taktile Orientierungspläne zum Ausleihen, Tastreliefs zu einzelnen Kunstwerken mit Text in Brailleschrift

multimedial: App Smartify, Multimediaguides zum Ausleihen

QR codes: zu Infos in einfacher Sprache, barrierefreien PDFs, zur App Smartify

Sonstiges: Booklet: „Einsam oder gemeinsam? Menschsein in der Zeit und der Kunst um 1900. Ein Rundgang in einfacher Sprache."

Inklusive Führungen und Angebote

Zielgruppenspezifische Führungen:

- Regelmäßiges Vermittlungsprogramm „Anders Sehen": inklusive Kunstbetrachtung mit Schwerpunkt auf multisensorische Vermittlung für sehende, sehbeeinträchtigte und blinde Besucher:innen.
- „Einfach gesagt": inklusiver Rundgang in verständlicher Sprache.
- „Zeitlos schön": teilhabeorientierter Rundgang für Menschen mit Demenz oder Vergesslichkeit sowie ihre Begleitpersonen

Inklusive Führungen und Workshops: Alle inklusiven Angebote, sowie Rundgänge mit Gebärdensprach-dolmetscher:in sind auch auf Anfrage buchbar

Sensorische Vermittlungs-hilfen: Tastmodelle und -reliefs sowie Texte in Brailleschrift von ausgewählte Kunstwerken stehen in den Ausstellungs-räumen zu Verfügung

Das Booklet in einfacher Sprache ist kostenlos im Oberen Belevdere erhältlich oder online abrufbar

Das Wichtigste auf einen Blick

- Barrierefreier Eingang
- Ermäßigter Eintritt
- Barrierefreier Empfang
- Begleithunde erlaubt
- Barrierefreie WCs
- Taktile Orientie-rungshilfen
- Verleih von Rollator/Rollstuhl
- Barrierefreie Website
- Spezialführungen/Angebote

Nähere Infos auf www.museumsguide.at

Österreichisches Filmmuseum

Augustinerstraße 1,
1010 Wien

Mo-So,
programmabhängige Öffnungszeiten

frei für Menschen mit Behindertenausweis
frei für Assistenzperson

Kontakt:
Sabine Maierhofer
s.maierhofer@filmmuseum.at
www.filmmuseum.at

Das Österreichische Filmmuseum widmet sich seit 1964 der Bewahrung, Erforschung und Präsentation des Mediums Film. Das vom Filmmuseum betriebene Kino ist einen Ort der Begegnung mit Bildern und Geschichten, die im besten Fall unseren Blick auf die Welt zu ändern vermögen.

Barrierefreie Zugänglichkeit

Eingang: Das Eingangsportal ist schwellenlos, öffnet aber nicht automatisch

Im Gebäude: Kinosaal ist barrierefrei zugänglich und mit einer induktiven Höranlage ausgestattet. Es stehen zwei Rollstuhlstell-plätze zur Verfügung

Wie Inhalte vermittelt werden

Sonstiges: Induktive Höranlage

Das Wichtigste auf einen Blick

- ✓ Barrierefreier Eingang
- ✓ Ermäßigter Eintritt
- ✓ Barrierefreier Empfang
- ✓ Begleithunde erlaubt
- ✓ Barrierefreie WCs
- ✓ Barrierefreie Website
- ✓ Induktive Höranlage

Nähere Infos auf www.museumsguide.at

Prunksaal der ÖNB

Josefsplatz 1, 1010 Wien

Juni-September:
Mo-Mi 10:00-18:00 und
Do 10:00-21:00 und
Fr-So 10:00-18:00
Oktober-Mai:
Di-Mi 10:00-18:00 und
Do 10:00-21:00 und
Fr-So 10:00-18:00

€ 7,50 für Menschen mit Behindertenausweis
frei für Assistenzperson

Kontakt:
kulturvermittlung@onb.ac.at
www.onb.ac.at

Der Prunksaal der Österreichischen Nationalbibliothek zählt zu den schönsten historischen Bibliotheksräumen der Welt. Als Juwel profaner Barockarchitektur wurde er im Auftrag von Kaiser Karl VI. errichtet und beherbergt heute 200.000 wertvolle historische Bücher. Der Prunksaal wird regelmäßig für Sonderausstellungen genutzt

Barrierefreie Zugänglichkeit

Eingang: Rampe

Im Gebäude: Lift, WCs

Wie Inhalte vermittelt werden

Hörtexte: Audioguides mit Transkription für Menschen mit Hörbeeinträchtigungen

Das Wichtigste auf einen Blick

- ✓ Barrierefreier Eingang
- ✓ Ermäßigter Eintritt
- ✓ Barrierefreie WCs

Nähere Infos auf www.museumsguide.at

Rapideum

Gerhard-Hanappi-Platz 1,
1140 Wien

Mo-Sa 11:00-18:00
sowie bei Heimspiel
ab 11 bis 1 Stunde
nach Spielende

€ 5 für Menschen mit
Behindertenausweis
€ 3 bis € 7 für
Assistenzperson

Preise für inklusive
Führungen und
Workshops: variiert
nach Gruppengröße

Kontakt:
museum@skrapid.com
www.skrapid.at/rapideum

Nur einige Schritte neben der Spielerkabine liegt das Rapideum, in dem Geschichte lebendig wird. Auf 165m² warten zahlreiche Erinnerungsstücke darauf, entdeckt zu werden. Der Bogen spannt sich von der Gründung des 1. Wiener Arbeiter Fußball-Clubs 1897 bis in die Gegenwart.Neben

31 Vitrinen, 4 Video-Stationen und zwei Stadionmodellen laden 59 versteckte Laden und Kästen dazu ein, in die Klubgeschichte einzutauchen.

Barrierefreie Zugänglichkeit

Eingang: Gesamtes Museum barrierefrei zugänglich, über den Haupteingang erreichbar

Im Gebäude: Alle Bereiche, die bei einer Stadionführung besucht werden, sind barrierefrei erreichbar

Das Wichtigste auf einen Blick

- ✓ Barrierefreier Eingang
- ✓ Ermäßigter Eintritt
- ✓ Barrierefreier Empfang
- ✓ Barrierefreie WCs
- ✓ Spezialführungen/ Angebote

Nähere Infos auf www.museumsguide.at

Römermuseum - Wien Museum

Hoher Markt 3, 1010 Wien

Di-So und Feiertage
9:00-18:00
24.12. und 31.12.2022
9:00-14:00

€ 5 für Menschen mit
Behindertenausweis
frei für Assistenzperson

Preise für inklusive
Führungen und
Workshops: Gebuchte
Gruppenführung für
Erwachsene € 65

Kontakt:
Jennie Carvill
Schellenbacher
jennie.schellenbacher@
wienmuseum.at
www.wienmuseum.at

Die Römer waren rund 350 Jahre im Wiener Raum, zur Blütezeit lebten hier über 30 000 Menschen – ein buntes Völkergemisch aus Römern, Einheimischen und Zuwanderern aus allen Teilen des Reichs. Im Untergeschoß des Römermuseums sind Reste von zwei Häusern zu sehen. Einen Schwerpunkt der Ausstellung bilden die Bauten Vindobonas sowie das Alltagsleben der Soldaten und der Bevölkerung.

Barrierefreie Zugänglichkeit

Eingang: Der Haupteingang des Museums ist stufenlos erreichbar.

Im Gebäude: Eine rollstuhlgerechte Toilette befindet sich im Erdgeschoss. Die Ausstellungsräume im Erdgeschoß sind nur zum Teil barrierefrei erschließbar, der hintere Bereich ist über acht Stufen erreichbar. Die Ausgrabungen unter dem Straßenniveau und der Ausstellungsbereich im 1. Stock sind über Stiegen zugänglich. Rollstuhlfahrer:innen steht ein Treppensteiger zur Verfügung.

Wie Inhalte vermittelt werden

als Hörtexte: Gratis Multimediaguide

in Gebärdensprache: Multimediaguide auf ÖGS

multimedial: Gratis Multimediaguide

Inklusive Führungen und Angebote

Zielgruppenspezifische Führungen: Auf Anfrage werden Führungen für blinde und sehbeeinträchtigte Menschen angeboten

Sensorische Vermittlungshilfen: einige Hands-On Objekte für eine taktile Erfahrung

Das Wichtigste auf einen Blick

- ✓ Barrierefreier Eingang
- ✓ Ermäßigter Eintritt
- ✓ Barrierefreier Empfang
- ✓ Begleithunde erlaubt
- ✓ Barrierefreie WCs
- ✓ Verleih von Rollator/Rollstuhl
- ✓ Barrierefreie Website
- ✓ Spezialführungen/Angebote

Nähere Infos auf www.museumsguide.at

Ein Hands-On Objekt für eine taktile Erfahrung

Sigmund Freud Museum

Berggasse 19, 1090 Wien

Mi-Mo und Feiertag
10:00-18:00

€ 10 für Menschen mit Behindertenausweis
€ 14 für Assistenzperson

Kontakt:
Daniela Finzi
d.finzi@freud-museum.at
www.freud-museum.at/de

Wien IX, Berggasse 19. An dieser Adresse lebte und arbeitete Sigmund Freud 47 Jahre, ehe er 1938 vor den Nationalsozialisten fliehen musste. Seit 1971 befindet sich hier das Sigmund Freud Museum. Drei Dauerausstellungen in den ehemaligen Wohn- und Ordinationsräumen Freuds, eine Kunstpräsentation im Schauraum Berggasse 19 sowie Sonderausstellungen vermitteln Freuds vielschichtiges kulturelles Erbe.

Barrierefreie Zugänglichkeit

Eingang: Eingang

Im Gebäude: Ausstellungsflächen, Lift, WC, Garderobe, Bibliothek

Das Wichtigste auf einen Blick

- ✓ barrierefreier Eingang
- ✓ Ermäßigter Eintritt
- ✓ Barrierefreier Empfang
- ✓ Begleithunde erlaubt
- ✓ Barrierefreie WCs
- ✓ Spezialführungen/ Angebote

Nähere Infos auf www.museumsguide.at

Technisches Museum Wien

Mariahilfer Straße 212,
1140 Wien

Mo-Fr 9:00-18:00
Sa, So und Feiertag
10:00-18:00
Juli und August:
täglich 10:00-18:00

€ 5 für Menschen mit Behindertenausweis
€ 5 für Assistenzperson

Preise für inklusive Führungen und Workshops: € 4,50 bis € 6,50

Kontakt:
wissensvermittlung@tmw.at
www.technischesmuseum.at

In unmittelbarer Nähe zu Schönbrunn gelegen, bietet das Technische Museum Wien ein abwechslungsreiches Programm für die ganze Familie. Einzigartige historische Exponate beschreiben technische Entwicklungen in ihrem historischen, wirtschaftlichen und sozialen Kontext. Zahlreiche Interaktiva und multimediale Präsentationen ermöglichen Besucher:innen einen persönlichen und individuellen Zugang zur Technik.

Barrierefreie Zugänglichkeit

Eingang: Zwei öffentliche Behindertenparkplätze vor dem Haupteingang Mariahilfer Straße 212, rollstuhlgerechte Drehtür beim Haupteingang

Im Gebäude:

- Ein rollstuhlgerechter Aufzug, als Behindertenlift gekennzeichnet
- Elektrische Treppenlifte für Rollstuhlfahrer:innen BxT 77x90cm (werden nach Bedarf vom Personal in Betrieb genommen)
- Barrierefreie WCs in jedem Stockwerk
- Kostenlose Verfügbarkeit von Gehhilfen

Nähere Infos auf www.museumsguide.at

Inklusive Führungen und Angebote

Zielgruppenspezifische Führungen:
Für ein maßgeschneidertes Programm wird ein Informationsgespräch mit den Mitarbeiter:innen des Buchungsbüros empfohlen.

Das Wichtigste auf einen Blick

- ✓ Barrierefreier Eingang
- ✓ Ermäßigter Eintritt
- ✓ Barrierefreier Empfang
- ✓ Begleithunde erlaubt
- ✓ Barrierefreie WCs
- ✓ Verleih von Rollator/Rollstuhl
- ✓ Barrierefreie Website
- ✓ Spezialführungen/Angebote

Unteres Belvedere

Rennweg 6, 1030 Wien

Mo-So 10:00-18:00

€ 4 für Menschen mit Behindertenausweis
€ 4 für Assistenzperson

Preise für inklusive Führungen und Workshops: € 5

Kontakt:
Julia Haimburger
public@belvedere.at
www.belvedere.at

Das ehemalige Wohnschloss mit seinen repräsentativen Prunkräumen, der Orangerie, dem Prunkstall und dem intimen Kammergarten des Prinzen Eugen bietet Einblick in barocke Lebens- und Gestaltungskunst. Hier sind glanzvolle Ausstellungen zur Kunst in internationalem Kontext und zu Themen der Zeit zu sehen.

Barrierefreie Zugänglichkeit

Eingang: Barrierefrei über eine Rampe

Im Gebäude:
alle Ausstellungsräume, Lift, Handläufe, WC-Anlagen, Garderobe, Shop, Café

In Ausstellungen: ebenerdige Ausstellungsräume, Sitzgelegenheiten, Orientierungshilfen, taktile Markierungen, ausreichend Bewegungsfläche für Rollstuhlnutzer:innen

Wie Inhalte vermittelt werden

in Leichter Sprache:
Ausstellungsrundgänge

als Hörtexte: Audioguide zu Architektur und Sonderausstellungen

in Brailleschrift: taktile Orientierungspläne, Tastrelief mit Text in Brailleschrift und Audiodeskription

multimedial: App Smartify

QR codes: zu barrierefreien PDFs, zur App Smartify

Inklusive Führungen und Angebote

Zielgruppenspezifische Führungen:

- Regelmäßiges Vermittlungsprogramm „Anders Sehen“: inklusive Kunstbetrachtung mit Schwerpunkt auf multisensorische Vermittlung für sehende, sehbeeinträchtigte und blinde Besucher:innen
- „Einfach gesagt“: inklusiver Rundgang in verständlicher Sprache.
- „Zeitlos schön“: teilhabeorientierter Rundgang für Menschen mit Demenz oder Vergesslichkeit sowie ihre Begleitpersonen

Inklusive Führungen und Workshops: Alle inklusiven Angebote, sowie Rundgänge mit Gebärdensprachdolmetscher:in sind auch auf Anfrage buchbar

Sensorische Vermittlungshilfen: Tastrelief mit Text in Brailleschrift und Audiodeskription

Das Wichtigste auf einen Blick

- ✓ Barrierefreier Eingang
- ✓ Ermäßigter Eintritt
- ✓ Barrierefreier Empfang
- ✓ Begleithunde erlaubt
- ✓ Barrierefreie WCs
- ✓ Taktile Orientierungshilfen
- ✓ Verleih von Rollator/Rollstuhl
- ✓ Barrierefreie Website
- ✓ Spezialführungen/Angebote

Nähere Infos auf www.museumsguide.at

Viktor Frankl Museum Wien

Mariannengasse 1,
1090 Wien

Mo, Fr, Sa 13:00-18:00

€ 6 für Menschen mit Behindertenausweis
€ 6 für Assistenzperson

Kontakt:
office@franklzentrum.org
www.franklzentrum.org

Im weltweit einzigartigen Museum für Sinn und Existenzfragen wird die ermutigende und berührende Botschaft der Sinn-Lehre Viktor E. Frankls – der Logotherapie und Existenzanalyse - erfahrbar gemacht. Spezielle haptische, visuelle und akustische Installationen ermöglichen eine Auseinandersetzung mit aktuellen Lebensthemen und individuellen Lebensfragen.

Barrierefreie Zugänglichkeit

Eingang: Der Zutritt ins Museum ist barrierefrei möglich aber der Zugang ins Haus leider nicht. Er erfolgt über ein paar Stiegen.

Im Gebäude:
alle Ausstellungsräume

In Ausstellungen: Der Inhalt des Museums ist haptisch, akustisch und visuell aufbereitet.

Wie Inhalte vermittelt werden

als Hörtexte: Audioguide zur Entlehnung

Inklusive Führungen und Angebote

Zielgruppenspezifische Führungen: gegen Voranmeldung können zielgruppenspezifische Führungen angeboten werden

Das Wichtigste auf einen Blick

- ✓ Barrierefreier Eingang
- ✓ Ermäßigter Eintritt
- ✓ Barrierefreier Empfang
- ✓ Begleithunde erlaubt
- ✓ Barrierefreie WCs
- ✓ Spezialführungen/ Angebote

Nähere Infos auf www.museumsguide.at

Volkskundemuseum Wien

Laudongasse 15–19,
1080 Wien

Di bis So
10:00-17:00
Do 10:00-20:00

€ 4 für Menschen mit Behindertenausweis
€ 8 für Assistenzperson

Kontakt:
kulturvermittlung@
volkskundemuseum.at
www.volkskundemuseum.at

Das Volkskundemuseum Wien ist eines der großen internationalen ethnographischen Museen mit umfangreichen Sammlungen zur Volkskunst sowie zu historischen und gegenwärtigen Alltagskulturen Europas. Eine Dauerausstellung sowie wechselnde Sonderausstellungen behandeln vielfältige Themen des Zusammenlebens in einer sich ständig verändernden Welt. Für eine aktive, kritische und partizipative Auseinandersetzung nutzt das Museum regelmäßige Veranstaltungen, Interventionen, performative Kunst, Theaterprojekte, Kooperationen mit NGOs, Forschungs- sowie Public Science Projekte, Online Sammlungen, Online Publikationen und Social Media Kanäle.

Barrierefreie Zugänglichkeit

Eingang: Das Museum ist barrierefrei zugänglich und verfügt über einen Aufzug (Lifttüre: 184cm), der in den Bereich der Sonderausstellungen führt. Die Dauerausstellung („Die Küsten Österreichs") befindet sich im Erdgeschoss. Der Behindertenparkplatz ist direkt vor dem stufenlos erreichbaren Museumseingang.

Im Gebäude: Eine rollstuhlgerechte Toilette befindet sich im Erdgeschoss.

In Ausstellungen: In manchen Räumen Sitzmöglichkeiten

Wie Inhalte vermittelt werden

in Leichter Sprache: Alle Vermittlungsprogramme werden auf Anfrage für gehörlose, blinde, seh- oder gehbehinderte Personen und in Leichter Sprache barrierefrei gestaltet.

als Hörtexte: Hörgang über Handy (Smartphones und Kopfhörer kostenlos ausleihbar)

in Gebärdensprache: Die Ausstellungseröffnungen werden von einer Gebärdendolmetscher:in begleitet und übersetzt, sofern im Programm angegeben.

multimedial: Hörgang über Handy (Smartphones und Kopfhörer kostenlos ausleihbar)

QR codes: Hörgang über Handy (Smartphones und Kopfhörer kostenlos ausleihbar)

Sonstiges: Jährlich findet im Volkskundemuseum Wien das barrierefreie und inklusive Open Air-Kurzfilmfestival dotdotdot statt.

Inklusive Führungen und Angebote

Zielgruppenspezifische Führungen:

- Alle Vermittlungsprogramme werden auf Anfrage für gehörlose, blinde, seh- oder gehbehinderte Personen und in Leichter Sprache barrierefrei gestaltet

- Für sehbeeinträchtigte und blinde Besucher:innen werden eigens entwickelte Vermittlungsprogramme angeboten.

Sensorische Vermittlungshilfen: bei Vermittlungsprogrammen

Sensorisches Ertasten eines Ausstellungsobjektes ist mit Handschuhen erlaubt

Das Wichtigste auf einen Blick

- ✓ Barrierefreier Eingang
- ✓ Ermäßigter Eintritt
- ✓ Barrierefreier Empfang
- ✓ Begleithunde erlaubt
- ✓ Barrierefreie Website
- ✓ Spezialführungen/Angebote
- ✓ Induktive Höranlage

Nähere Infos auf www.museumsguide.at

Weltmuseum Wien

Heldenplatz, 1010 Wien

Do-Mo 10:00-18:00,
Di 10:00-21:00

€ 12 für Menschen mit Behindertenausweis
€ 12 für Assistenzperson
freier Eintritt für blinde Besucher:innen und Begleitperson

Kontakt:
Mela Maresch
info@weltmuseumwien.at
www.weltmuseumwien.at

Das neue Weltmuseum Wien versteht sich als Ort, der Menschen und Kulturen auf einzigartige Weise miteinander verbindet.
Das Museum hat es sich zur Aufgabe gemacht, sich mit der kulturellen Vielfalt der Menschheit zu befassen und mit seinen weltumspannenden Sammlungen Österreichs reichhaltige historische Beziehungen zur Welt zu dokumentieren.

Barrierefreie Zugänglichkeit

Eingang: Haupteingang mithilfe eines Plattformlifts stufenlos erreichbar

Im Gebäude:
alle Ausstellungsräume, Schließfächer, Lift, 2 WCs, Cafe

In Ausstellungen: Barrierefreier Boden, Bewegungsraum für Rollstuhlfahrer:innen, Sitzgelegenheiten

Wie Inhalte vermittelt werden

multimedial: Museums App, Medienstationen

Inklusive Führungen und Angebote

Zielgruppenspezifische Führungen: einmal im Monat dienstags für Personen mit Behinderung, abwechselnd Führungen für blinde Personen mit Tastobjekten oder Führungen in Gebärdensprache.

Sensorische Vermittlungshilfen: Jeden ersten Samstag im Monat wird zwischen 15:00 und 18:00 das Lichtsetting Helle Stunden in der Dauerausstellung eingeschalten. Dieses Lichtsetting wurde eigens für sehschwache Menschen zusammen mit der Hilfsgemeinschaft der Blinden und Sehschwachen Österreichs entwickelt.

Sensorisches Ertasten eines Ausstellungsobjektes

Das Wichtigste auf einen Blick

- Barrierefreier Eingang
- Ermäßigter Eintritt
- Barrierefreier Empfang
- Begleithunde erlaubt
- Barrierefreie WCs
- Verleih von Rollator/Rollstuhl
- Spezialführungen/Angebote

Nähere Infos auf www.museumsguide.at

Wien Museum Karlsplatz

Karlsplatz 8, 1040 Wien

Di-So 10:00-18:00
eventuell Do 10:00-21:00

frei für Menschen mit Behindertenausweis
frei für Assistenzperson

Kontakt:
Jennie Carvill Schellenbacher
jennie.schellenbacher@wienmuseum.at
www.wienmuseum.at

Ende 2023 eröffnet das Wien Museum Karlsplatz mit einer neuen Dauerausstellung darüber, wie die Geschichte Wien zu dem gemacht hat, was es heute ist. Auf drei Etagen entfaltet sich die Geschichte der Stadt – die Menschen, die Ideen und das Geschehen – für die Besucher:innen und greift dabei auf die umfangreichen Sammlungen der Stadt Wien zurück. Das kürzlich renovierte Museum bietet zudem ein spannendes Programm an temporären Ausstellungen und täglichen Veranstaltungen sowie ein umfangreiches Vermittlungsangebot.

Barrierefreie Zugänglichkeit

Eingang: Ein taktiles Bodenleitsystem führt zum barrierefreien Eingang und weiter in das Gebäude über ein taktiles Modell des Hauses zum Infodesk.

Im Gebäude: Alle Bereiche des Museums sind barrierefrei zugänglich. Im jeden Stockwerk befindet sich ein barrierefreies WC. Im 1. Geschoss gibt es eine Toilette-für-Alle mit Liegefläche für Erwachsene und Deckenlift. Die Aufzüge haben Braille Taster und eine akustische Durchsage. Ein Bodenleitsystem führt zur Aufzüge, Garderobe und taktile Pläne und Orientierungshilfen.

In Ausstellungen: Bei der Gestaltung der Ausstellung wurde besonderer Wert auf Barrierefreiheit gelegt.
Es gibt regelmäßige Sitzmöglichkeiten. Vitrinen, AV-Stationen und Taststationen sind unterfahrbar und erkennbar mit Taststock. Taktile Markierungen am Boden sollen die Orientierung unterstützen.

Wie Inhalte vermittelt werden

in Leichter Sprache:
Im Medienguide gibt es Information in Leichter Sprache.

als Hörtexte: Kapitel und Subkapiteltexte in der Ausstellung sind auch im Medienguide verfügbar

in Gebärdensprache: Bei der Sprachauswahl bei Filmstationen stehen Deutsch, English und ÖGS zur Verfügung. ÖGS steht auch im Medienguide zur Auswahl.

in Brailleschrift: Taktile Orientierungspläne, punktuell bei taktilen Stationen.

multimedial: Alle AV-Stationen mit Ton sind mit Induktionsschleife ausgestattet. Die Schriftgröße bei Recherchestation kann man selber einstellen. Im Medienguide gibt es ÖGS, Leichte Sprache und Bildbeschreibungen.

QR codes: QR-Codes werden verwendet um die Medienguide Inhalte am eigenen Gerät zu zugreifen

Inklusive Führungen und Angebote

Zielgruppenspezifische Führungen: Informationen auf der Museumshomepage

Inklusive Führungen und Workshops: Informationen auf der Museumshomepage

Sensorische Vermittlungshilfen:
- In der Dauerausstellung wurde die durchgehende Umsetzung des 2-Sinne-Prinzips als Ziel gesetzt

- Diverse Taststationen findet man in der gesamten Ausstellung.

- Alle Hörstationen haben Transkripte, alle Filmstationen haben deutsche und englische Untertitel sowie ÖGS Dolmetschen zum Auswahl.

Das Wichtigste auf einen Blick

- ✓ Barrierefreier Eingang
- ✓ Barrierefreier Empfang
- ✓ Begleithunde erlaubt
- ✓ Barrierefreie WCs
- ✓ Taktile Orientierungshilfen
- ✓ Verleih von Rollator/Rollstuhl
- ✓ Barrierefreie Website
- ✓ Spezialführungen/Angebote
- ✓ Induktive Höranlage

Nähere Infos auf www.museumsguide.at

Wien Museum MUSA

Felderstraße 6–8,
1010 Wien

Di-So und Feiertag:
10:00-18:00
24. und 31.12.:
10:00-14:00

€ 5 für Menschen mit Behindertenausweis
frei für Assistenzperson

Kontakt

Jennie Carvill Schellenbacher
jennie.schellenbacher@wienmuseum.at
www.wienmuseum.at

Wechselnde Ausstellungen der zeitgenössischen Sammlung des Wien Museums, Startgalerie für junge Kunst- und Kulturschaffende und Artothek, die Werke verleiht.

Barrierefreie Zugänglichkeit

Eingang: Die Ausstellungsbereiche des Museums sind stufenlos mit einem Aufzug erreichbar und mit dem Rollstuhl barrierefrei erschließbar.

Im Gebäude: Eine rollstuhlgerechte Toilette ist barrierefrei über den Ausstellungsraum zu erreichen.

Das Wichtigste auf einen Blick

- ✓ Barrierefreier Eingang
- ✓ Ermäßigter Eintritt
- ✓ Barrierefreier Empfang
- ✓ Begleithunde erlaubt
- ✓ Barrierefreie WCs
- ✓ Verleih von Rollator/Rollstuhl
- ✓ Barrierefreie Website
- ✓ Spezialführungen/Angebote
- ✓ Induktive Höranlage

Nähere Infos auf www.museumsguide.at

ZOOM Kindermuseum

Museumsplatz 1, 1070 Wien

Fr 08:30-16:45
Sa-So 09:15-17:15
Di-Do 08:30-16:45

frei für Menschen mit Behindertenausweis
frei für Assistenzperson

Kontakt:
Mirjam Silbergasser-Boschitz
m.boschitz@kindermuseum.at
www.kindermuseum.at

Auf 1.600m² bietet das ZOOM vier unterschiedliche Bereiche für Besucher:innen bis 14 Jahre an: die ZOOM Mitmachausstellung für Kinder von 6 bis 12 Jahren, den Spielbereich ZOOM Ozean für Kinder von 8 Monaten bis 6 Jahre sowie die Workshopbereiche ZOOM Atelier für Kinder von 3 bis 12 Jahren und das ZOOM Trickfilmstudio für Kinder und Jugendliche von 8 bis 14 Jahren.

Barrierefreie Zugänglichkeit

Eingang: Ebenerdiger Zugang durch den Haupteingang

Im Gebäude: Alle Bereiche

Inklusive Führungen und Angebote

Zielgruppenspezifische Führungen: Je nach Bedarf

Inklusive Führungen und Workshops: Je nach Bedarf

Das Wichtigste auf einen Blick

- ✓ Barrierefreier Eingang
- ✓ Ermäßigter Eintritt
- ✓ Barrierefreier Empfang
- ✓ Begleithunde erlaubt
- ✓ Barrierefreie WCs
- ✓ Taktile Orientierungshilfen
- ✓ Verleih von Rollator/Rollstuhl
- ✓ Barrierefreie Website
- ✓ Spezialführungen/Angebote

Nähere Infos auf www.museumsguide.at

„Der Anforderungs-katalog an Museen wächst ganz klar, denn man muss die Institution in ihrer Gesamtheit inklusiv denken.“

Nils Wöbke,
Leiter des Lebenshilfewerk Hagenow,
Capito Mecklenburg-Vorpommern

Niederösterreich

5-Elemente-Museum

Schlossweg 2,
3340 Waidhofen
an der Ybbs

Di 9:00-13:00
Mi-Sa 9:00-13:00 und
14:00-17:00
So und Feiertage
10:00-16:00

€ 7 für Menschen mit
Behindertenausweis
€ 7 für Assistenzperson

Preise für inklusive
Führungen und
Workshops: € 11

Kontakt:
schloss.rothschild@
waidhofen.at
schloss-rothschild.at/
5-elemente-museum

Hier erwartet die Besucher:innen Stadtgeschichte auf die etwas andere Art aufbereitet. Feuer, Wasser, Erde, Holz und Metall sind die Themenbereiche, die durch das Museum begleiten. Zusätzlich können Besucher:innen eine Entdeckungsreise durch das Schaudepot mit seinen vielen

Exponaten machen. In der Mostviertler Spielzeugwelt werden Erinnerungen an die Kindheit aufgefrischt.

Barrierefreie Zugänglichkeit

Eingang: Ebenerdiger Eingang vom Schlosspark ins Tourismusbüro

Im Gebäude: Es gibt einen Lift & Toiletten

In Ausstellungen: vorwiegend Holzboden, die Räume sind farblich unterschiedlich an die ELemente angepasst, Sitzmöglichkeiten gibt es in jedem Stockwerk

Inklusive Führungen und Angebote

Sensorische Vermittlungshilfen: Viele Exponate sind zum Berühren und ausprobieren gedacht

Das Wichtigste auf einen Blick

- ✓ Barrierefreier Eingang
- ✓ Ermäßigter Eintritt
- ✓ Barrierefreier Empfang
- ✓ Begleithunde erlaubt
- ✓ Barrierefreie WCs
- ✓ Spezialführungen/ Angebote

Nähere Infos auf www.museumsguide.at

Das Kunstmuseum Waldviertel

Mühlgasse 7a,
3943 Schrems

März-Juni und September:
Di-So, Feiertag
10:00-17:00
Juli, August:
Mo-So 10:00-18:00
Oktober-Jänner:
Mi-So, Feiertag
10:00-17:00

€ 7,90 für Menschen mit Behindertenausweis
€ 5 für Assistenzperson

Preise für inklusive Führungen und Workshops: Führungspauschale € 30, Workshops je nach Material und Dauer ca. € 25 bis € 30

Kontakt:
Ruth Schremmer, mag.arch.
info@daskunstmuseum.at
www.daskunstmuseum.at

Das Kunstmuseum Waldviertel zählt zu den außergewöhnlichsten Museen Österreichs mit jährlich wechselnden Ausstellungen, einem Skulpturenpark und kreativen Angeboten für alle Altersgruppen. Natur und Kunst verschmelzen auf 12.000m² zu einem harmonischen Universum. Das Werk der Künstler und Museumsgründer Heide und Makis Warlamis bildet die Grundlage der Sammlung und prägt die positive Atmosphäre des gesamten Areals.

Barrierefreie Zugänglichkeit

Eingang: Haupteingang und Seiteneingang (Terrasse), Gartenaus- und -eingänge

Im Gebäude: Lift, WC, Garderobe

In Ausstellungen: Glatte und gut begeh- und befahrbare Böden

Inklusive Führungen und Angebote

Zielgruppenspezifische Führungen: Führungen in einfacher Sprache

Inklusive Workshops: Workshops für Menschen mit besonderen Bedürfnissen nach Vereinbarung

Sensorische Vermittlungshilfen: Einige Werke (Bilder, Skulpturen) dürfen berührt, abgetastet werden.

Das Wichtigste auf einen Blick

- ✓ Barrierefreier Eingang
- ✓ Ermäßigter Eintritt
- ✓ Barrierefreier Empfang
- ✓ Begleithunde erlaubt
- ✓ Barrierefreie WCs
- ✓ Verleih von Rollator/Rollstuhl
- ✓ Spezialführungen/Angebote

Nähere Infos auf www.museumsguide.at

Erlauf erinnert Museum der Friedensgemeinde Erlauf

Kirchenplatz 3, 3253 Erlauf

So 10:00-16:00

€ 6 für Menschen mit Behindertenausweis
€ 6 für Assistenzperson

Kontakt:
erlauf@friedensgemeinde.at
www.erlauferinnert.at

In der Nacht vom 8. auf den 9. Mai 1945 trafen sich in Erlauf der sowjetische General Dmitri Dritschkin und der US-amerikanische General Stanley Reinhart und feierten gemeinsam den um 00:01 Uhr in Kraft tretenden Waffenstillstand. Mit dem Museum ERLAUF ERINNERT wurde ein lebendiger Ort der übergreifenden Auseinandersetzung mit Zeitgeschichte, Erinnerungskultur und Gegenwartskunst geschaffen.

Barrierefreie Zugänglichkeit

Eingang: Ebenerdig

Im Gebäude: Plattformlift in das Obergeschoß vorhanden, behindertengerechtes WC im Bereich der Ausstellung

Das Wichtigste auf einen Blick

- ✓ Barrierefreier Eingang
- ✓ Barrierefreier Empfang
- ✓ Barrierefreie WCs

Nähere Infos auf www.museumsguide.at

eumigMuseum

Parkstraße 6,
2351 Wiener Neudorf

Sa 15:00-18:00
So 9:00-12:00
jeden ersten
Mittwoch im Monat
15:00-18:00

frei für Menschen mit
Behindertenausweis
frei für Assistenzperson

Preise für inklusive
Führungen und Workshops: freie Spende

Kontak:
Uschi Seemann:
kontakt@eumig.at
www.eumigMuseum.at

Das eumigMuseum erzählt die Geschichte der alten Firma eumig und präsentiert die Produkte, die von 1919 bis 1981 von der eumig erzeugt wurden. Das sind Radioapparate, Filmkameras und Filmprojektoren. Auch an die Sozialstruktur der Firma, die bis heute unerreicht ist, wird erinnert.

Barrierefreie Zugänglichkeit

Eingang: Der Eingang ist barrierefrei, vor dem Museum befindet sich ein Behindertenparkplatz.

Im Gebäude: Alle Räumlichkeiten inklusive WC-Anlage sind barrierefrei.

In Ausstellungen: Es sind im Museum keinerlei Barrieren zu überwinden, im großen Ausstellungsraum befinden sich zahlreiche Sitzmöglichkeiten.

Wie Inhalte vermittelt werden

als Hörtexte: Ein Hearonymus-Audioguide kann kostenlos auf das Handy heruntergeladen werden.

multimedial: In der Ausstellung befinden sich einige erklärende bzw. die Ausstellung ergänzende Videostationen.

Das Wichtigste auf einen Blick

- ✓ Barrierefreier Eingang
- ✓ Ermäßigter Eintritt
- ✓ Barrierefreier Empfang
- ✓ Begleithunde erlaubt
- ✓ Barrierefreie WCs
- ✓ Spezialführungen/Angebote

Nähere Infos auf www.museumsguide.at

Franzensburg Museum

Schlossplatz 1,
2361 Laxenburg

Ostern bis 1. November:
Mo-So 11:00-16:00

€ 7 für Rollstuhlfahrer:innen, Eintritt Schlosspark für Menschen mit Behinderung und eingetragener frei für Begleitperson

Preise für inklusive Führungen und Workshops: € 11

Kontakt:
office@schloss-laxenburg.at
www.schloss-laxenburg.at

Die Franzensburg gilt als Krönung der gartenkünstlerischen Gestaltung des sogenannten „Rittergaus" im Schlosspark Laxenburg. Sie zeugt von dem Gedanken des romantischen Historismus und gilt nicht zu Unrecht als „kleines Schatzhaus Österreich". Durch Kaiser Franz II./I. errichtet und 1801 eröffnet wurden in der

Franzensburg historisch wertvolle Bauteile zu einem neogotischen Gesamtkunstwerk zusammengefügt.
Im Inneren der Franzensburg wurden mehr als zwanzig Schauräume geschaffen dekoriert mit wertvollstem Inventar aller Epochen.

Barrierefreie Zugänglichkeit

Eingang: Mittels mobiler Rampe

Im Gebäude: Das Erdgeschoss ist barrierefrei

Das Wichtigste auf einen Blick

- ✓ Barrierefreier Eingang
- ✓ Ermäßigter Eintritt
- ✓ Barrierefreier Empfang
- ✓ Begleithunde erlaubt
- ✓ Barrierefreie WCs
- ✓ Barrierefreie Website
- ✓ Spezialführungen/Angebote

Nähere Infos auf www.museumsguide.at

Karikaturmuseum Krems

Museumsplatz 3,
3500 Krems

März-Oktober:
Mo-So 10:00-18:00
November-Februar:
Mo-So 10:00-17:00

€ 9 für Menschen mit Behindertenausweis
frei für Assistenzperson

Preise für inklusive Führungen und Workshops: Führungspauschale für Gruppen € 55

Kontakt:
office@kunstmeile.at
www.karikaturmuseum.at

Als Österreichs einziges Museum für satirische Kunst nimmt das Karikaturmuseum Krems seit über 20 Jahren eine Sonderstellung in der hiesigen Museumslandschaft ein.
Der Besucher:innenmagnet am Tor zur Wachau überzeugt mit politischer Karikatur, humoristischen Zeichnungen, Comic und Illustration von den Anfängen der Kunstgattung

in den 1900er-Jahren bis hin zu hochaktuellen Arbeiten führender Künstler:innen der Szene.

Barrierefreie Zugänglichkeit

Eingang: barrierefreier Haupteingang

Im Gebäude: alle Ausstellungsräume, Garderobe, 1 Lift, 1 WC

In Ausstellungen: Rampen, niedrige Hängung der Kunstwerke, gute Lesbarkeit der Beschriftung

Wie Inhalte vermittelt werden

in Leichter Sprache: Begleittexte und biografische Details der Künstler:innen

als Hörtexte: Audioguide Hearonymus

multimedial: Podcast, Audioaufnahmen von Künstler:innen

Das Wichtigste auf einen Blick

- ✓ Barrierefreier Eingang
- ✓ Ermäßigter Eintritt
- ✓ Barrierefreier Empfang
- ✓ Begleithunde erlaubt
- ✓ Barrierefreie WCs
- ✓ Taktile Orientierungshilfen
- ✓ Verleih von Rollator/Rollstuhl
- ✓ Barrierefreie Website
- ✓ Spezialführungen/Angebote

Nähere Infos auf www.museumsguide.at

Krahuletz-Museum

Krahuletzplatz 1,
3730 Eggenburg

Mo-Fr 9:00-17:00
Sa-So & Feiertage
10:00-17:00

€ 4 für Menschen mit Behindertenausweis
€ 4 für Assistenzperson

Preise für inklusive Führungen und Workshops: € 3

Kontakt:
Maga. Susanne Stökl
stoekl@krahuletzmuseum.at
www.krahuletzmuseum.at

Das Krahuletz-Museum bietet mit seinen geologischen, paläontologischen und archäologischen Sammlungen einen breit gefächerten Zugang zur Natur- und Kulturgeschichte im nordwestlichen Niederösterreich. Erweitert wird das Spektrum durch die umfangreiche volkskundliche Sammlung und wechselnde

Sonderausstellungen aus dem Sammlungsbestand.
Das Museum ist nach dem Forscher und Sammler Johann Krahuletz (1848–1928) benannt.

Barrierefreie Zugänglichkeit

Eingang: Aussenlift, Seiteneingang

Im Gebäude: Aussenlift, Barrierefreies WC im 1. OG

In Ausstellungen: Leitsystem, Sitzmöglichkeiten, Ausstellungsräume barrierefrei befahrbar

Das Wichtigste auf einen Blick

- ✓ Barrierefreier Eingang
- ✓ Ermäßigter Eintritt
- ✓ Barrierefreier Empfang
- ✓ Begleithunde erlaubt
- ✓ Barrierefreie WCs
- ✓ Barrierefreie Website

Nähere Infos auf www.museumsguide.at

Landesgalerie Niederösterreich

Museumsplatz 1,
3500 Krems

März-Oktober:
Di-So und Mo wenn Feiertag 10:00-18:00
November-Februar:
Di-So und Mo wenn Feiertag 10:00-17:00

€ 9 für Menschen mit Behindertenausweis
frei für Assistenzperson

Preise für inklusive Führungen und Workshops: Führungspauschale für Gruppen € 55

Kontakt:
office@kunstmeile.at
www.lgnoe.at

Die Landesgalerie Niederösterreich ist ein dynamischer Ausstellungsort für österreichische Künstler:innen. Sie ist Bühne für die herausragenden Kunstschätze des Landes Niederösterreich.

Spektakuläre Installationen treten mit der außergewöhnlichen Architektur des Hauses in Dialog. Durch ihr einzigartiges Äußeres ist dieLandesgalerie Niederösterreich die Landmarke im Zentrum der Kunstmeile Krems.

Barrierefreie Zugänglichkeit

Eingang: Barrierefreier Zugang über den ebenerdigen Haupteingang mit motorunterstütztem Türantrieb

Im Gebäude: alle Ausstellungsräume, 2 Lifte, WCs auf Ebene -1 und 3, Behindertenparkplätze

In Ausstellungen: Sitzmöglichkeiten, mobile Museumshocker

Wie Inhalte vermittelt werden

in Leichter Sprache: Begleithefte

als Hörtexte: Podcast

multimedial: Multimedia Guide

Das Wichtigste auf einen Blick

- ✓ Barrierefreier Eingang
- ✓ Ermäßigter Eintritt
- ✓ Barrierefreier Empfang
- ✓ Begleithunde erlaubt
- ✓ Barrierefreie WCs
- ✓ Taktile Orientierungshilfen
- ✓ Verleih von Rollator/Rollstuhl
- ✓ Barrierefreie Website
- ✓ Spezialführungen/Angebote

Nähere Infos auf www.museumsguide.at

MAMUZ Museum Mistelbach

Waldstraße 44-46,
2130 Mistelbach

Di-So 10:00-17:00
an Feiertagen auch
montags geöffnet

€ 10 für Menschen mit
Behindertenausweis
frei für Assistenzperson

Preise für inklusive
Führungen und Work-
shops: € 4

Kontakt:
info@mamuz.at
www.mamuz.at

Das MAMUZ Museum Mistelbach zeigt auf einer Ausstellungsfläche von 737m² wechselnde Highlight-Ausstellungen als perfekte Ergänzung zur aufgestellten Landessammlung am Standort Asparn/Zaya. Jedes Jahr widmet sich das MAMUZ Museum Mistelbach einem anderen Thema der Menschheitsgeschichte, das individuell und spannend aufbereitet wird.

Barrierefreie Zugänglichkeit

Eingang: ausgewiesener Behindertenparkplatz und barrierefreier Eingang

Im Gebäude: behinderten-erechte Toiletten; Aufzug, um die zweite Ebene der Ausstellung zu erreichen

Das Wichtigste auf einen Blick

- ✓ Barrierefreier Eingang
- ✓ Ermäßigter Eintritt
- ✓ Barrierefreier Empfang
- ✓ Begleithunde erlaubt
- ✓ Barrierefreie WCs

Nähere Infos auf www.museumsguide.at

MAMUZ Schloss Asparn/Zaya

Schlossgasse 1,
2151 Asparn/Zaya

Di-So 10:00-17:00
an Feiertagen auch
montags geöffnet

€ 10 für Menschen mit
Behindertenausweis
frei für Assistenzperson

Kontakt:
info@mamuz.at
www.mamuz.at

Das MAMUZ Schloss Asparn/Zaya lässt 40.000 Jahre Menschheitsgeschichte zu einem Erlebnis werden und gibt einen umfassenden Einblick in Ur- und Frühgeschichte sowie Mittelalterarchäologie. Wechselnde Sonderausstellungen vertiefen das Verständnis vergangener Lebenswelten. Das archäologische Freigelände des MAMUZ Schloss Asparn/Zaya öffnet mit originalgetreuen Nachbauten von

Gebäuden der Steinzeit bis ins frühe Mittelalter einen Blick auf vergangene Lebenswelten in Mitteleuropa. Abwechslungsreiche historische Feste, Aktivprogramme und historische Handwerkskurse machen es möglich, Geschichte hautnah zu erleben.

Barrierefreie Zugänglichkeit

Eingang: ausgewiesener Behindertenparkplatz und barrierefreier Eingang

Im Gebäude: behindertengerechte Toiletten

In Ausstellungen: Für gehbehinderte Menschen und Rollstuhlfahrer:innen ist das Außengelände des MAMUZ Schloss Asparn/Zaya aufgrund seiner Beschaffenheit und den historischen Gebäudebedingungen (Türschwellen, enge Türbreiten etc.) teilweise schwer zugänglich. Eine Begleitperson wird dringend empfohlen. Die Ausstellungsräumlichkeiten im Schloss selbst sind barrierefrei gestaltet, jedes Stockwerk kann über einen Aufzug erreicht werden.

Das Wichtigste auf einen Blick

- ✓ Barrierefreier Eingang
- ✓ Ermäßigter Eintritt
- ✓ Barrierefreier Empfang
- ✓ Begleithunde erlaubt
- ✓ Barrierefreie WCs

Nähere Infos auf www.museumsguide.at

Michelstettner Schule

Schulberg 1,
2151 Michelstetten

Sa, So & Feiertage
13:00-18:00
letzter Einlass 17:00

€ 3 für Menschen mit Behindertenausweis
€ 8 für Assistenzperson

Preise für inklusive Führungen und Workshops: € 3 bis € 6

Kontakt:
Alexandra Rieder
office@michelstettnerschule.at
www.michelstettnerschule.at

Im Niederösterreichischen Schulmuseum sich die Besucher:innen auf eine Reise durch das Schulleben früherer Zeiten. In fünf historischen Klassenzimmern erleben Schüler:innen von gestern und heute in den uralten Schulbänken, wie den

Kindern Lesen, Schreiben und Rechnen beigebracht wurde. Lehr- und Lernmittel, Schiefertafel, Griffel, Abakus, Wandbilder, Landkarten,Lehrbücher, etc. lassenErinnerungen wach werden.

Barrierefreie Zugänglichkeit

Eingang: Barrierefrei im gesamten Bereich

Im Gebäude: WC

In Ausstellungen: Barrierefrei im gesamten Bereich

Inklusive Führungen und Angebote

Zielgruppenspezifische Führungen: Nach Bedarf

Sensorische Vermittlungshilfen: Tastobjekte und Hörstationen

Das Wichtigste auf einen Blick

- ✓ Barrierefreier Eingang
- ✓ Ermäßigter Eintritt
- ✓ Barrierefreier Empfang
- ✓ Begleithunde erlaubt
- ✓ Barrierefreie WCs
- ✓ Taktile Orientierungshilfen
- ✓ Verleih von Rollator/Rollstuhl
- ✓ Spezialführungen/Angebote

Nähere Infos auf www.museumsguide.at

Museum Horn

Wiener Straße 4,
3580 Horn

1. April-15. November
Di-So 10:00-16:00

€ 4 für Menschen mit Behindertenausweis
frei für Assistenzperson

Preise für inklusive Führungen und Workshops: € 7

Kontakt:
Hans-Peter Trimmel
museum@horn.gv.at
museumhorn.at

Das Museum Horn besteht aus einer der größten Urgeschichte-Ausstellungen in NÖ. Daneben befindet sich auf 1.500m² die Ausstellung Mensch.Boden.Technik - 7.500 Jahre Landwirtschaft. Im ehemaligen Bürgerspital finden sich Ausstellungen zum Thema Stadtgeschichte und Reformation. Antikenkabinett, Mineralienausstellung, Lapidarium und diverse Sonderausstellungen runden das Angebot ab. Interaktive Stationen für Kinder inkl. Riesensilorutsche.

Barrierefreie Zugänglichkeit

Eingang: Stufenfreier Eingangsbereich und leicht zu öffnende Türen, Schließfächer in verschiedenen Höhen

Im Gebäude: WC, Treppen mit Handläufen, Übersichtspläne im Eingangsbereich, freier Bewegungsraum für Rollstuhlnutzer:innen. Alle Ausstellungsbereiche sind mit Lift, Treppenlift oder Rampe erreichbar.

In Ausstellungen: Boden aus Holz oder Stein, gut befahrbar. Sitzmöglichkeiten in jedem Rauaum, transportable Museumshocker. Serifenlose Ausstellungstexte in großer kontrastreicher Schrift. Virtuelle Tour durch das Museum auf der Homepage. Glastüren sind markiert.

Wie Inhalte vermittelt werden

als Hörtexte: Gratis Hearonymus-Audioguide für Smartphones

multimedial: diverse Hör- und Sehstationen, interaktive Elemente

Inklusive Führungen und Angebote

Zielgruppenspezifische Führungen und Workshops: werden individuell angeboten.

Sensorische Vermittlungshilfen: Tastobjekte

Das Wichtigste auf einen Blick

- ✓ Barrierefreier Eingang
- ✓ Ermäßigter Eintritt
- ✓ Barrierefreier Empfang
- ✓ Begleithunde erlaubt
- ✓ Barrierefreie WCs
- ✓ Spezialführungen/Angebote

Nähere Infos auf www.museumsguide.at

Museum Niederösterreich

Kulturbezirk 5,
3100 St. Pölten

Di-So 9:00-17:00

€ 9 für Menschen mit Behindertenausweis
frei für Assistenzperson

Kontakt:
info@museumnoe.at
www.museumnoe.at

Im Haus der Geschichte tauchen Besucher:innen in 40.000 Jahre Menschheitsgeschichte ein. Sie erleben die Flora und Fauna Niederösterreichs mit über 40 lebenden Tierarten im Haus für Natur. Das Museum Niederösterreich steht für die Verbindung von Mensch, Natur und Klima. In dem architektonisch einzigartigen Gebäude wird Wissen auf spielerische und begeisternde Art vermittelt.

Barrierefreie Zugänglichkeit

Eingang: Ebenerdiger Zugang durch den Haupteingang. Doppelflügelige Glastüren (Durchgangsbreite 2 Meter)

Im Gebäude: Austellungsbereich (ausgenommen Gletscher im Haus für Natur), Kassa, Shop, Garderobe, WCs, Lifte inkl. Akustikführung, Restaurant

In Ausstellungen: Ein Großteil der Ausstellungsarchitektur ist barrierefrei zugänglich (z.B. unterfahrbare Vitrinen), die meisten Interaktiva sind zugänglich und nutzbar für Rollstuhlfahrer:innen

Wie Inhalte vermittelt werden

in Leichter Sprache: Wichtige Informationen auf der Website

in Gebärdensprache: Teilweise Übersetzung von Inhalten der MuseumsAPP in ÖGS und/oder Untertitelung

in Brailleschrift: Taktiles Modell des Museums im Foyer

multimedial: MuseumsAPP mit Übersetzung von Inhalten der MuseumsAPP in ÖGS und/oder Untertitelung

Inklusive Führungen und Angebote

Zielgruppenspezifische Führungen: Auf Anfrage werden in den Dauerausstellungen Führungen für blinde und sehbeeinträchtigte Menschen angeboten.

Sensorische Vermittlungshilfen: Teilweise Tast-, Riech- und Hörstationen in den Ausstellungen

Das Wichtigste auf einen Blick

- ✓ Barrierefreier Eingang
- ✓ Ermäßigter Eintritt
- ✓ Barrierefreier Empfang
- ✓ Begleithunde erlaubt
- ✓ Barrierefreie WCs
- ✓ Taktile Orientierungshilfen
- ✓ Verleih von Rollator/Rollstuhl
- ✓ Barrierefreie Website
- ✓ Spezialführungen/Angebote

Nähere Infos auf www.museumsguide.at

das Evangeliar des Deutschen Ordens aus dem 14. Jahrhundert, oder der Austro Daimler 617 aus dem Jahr 1922. 1824 als erstes österreichisches Stadtmuseum gegründet, ist es ein beliebter außerschulischer Ort, der Wissen und Freude am Entdecken mit Spaß für die ganze Familie verbindet, mit Schwerpunkt auf der interaktiven Kunst- und Kulturvermittlung.

Barrierefreie Zugänglichkeit

Eingang: Barrierefreiheit im ganzen Haus inkl. WC

Im Gebäude: Sitzmöglichkeiten

Wie Inhalte vermittelt werden

in Leichter Sprache: auf mobilen Geräten zum Ausleihen ab Frühjahr 2023

als Hörtexte: Museums App

multimedial: Museums App mit Hörtexten

QR codes: für Mobiltelefone ab Frühjahr 2023

Inklusive Führungen und Angebote

Inklusive Führungen und Workshops: nach Vereinbarung und an fixen Terminen

Das Wichtigste auf einen Blick

- ✓ Barrierefreier Eingang
- ✓ Ermäßigter Eintritt
- ✓ Barrierefreier Empfang
- ✓ Begleithunde erlaubt
- ✓ Barrierefreie WCs
- ✓ Spezialführungen/Angebote

Nähere Infos auf www.museumsguide.at

nitsch museum

Waldstraße 44-46,
2130 Mistelbach

Di-So 10:00-17:00
an Feiertagen auch
montags geöffnet

€ 10 für Menschen mit
Behindertenausweis
frei für Assistenzperson

Kontakt:
info@nitschmuseum.at
www.nitschmuseum.at

Das nitsch museum zählt zu den größten monografischen Museen der Republik Österreich und versteht sich als ein Ort der Kontemplation und Sinnlichkeit. Seine Architektur ist an den Idealplan einer Klosteranlage angelehnt und umfasst Gebäudeteile, die Assoziationen wie Langhalle, Kathedrale, Seitenschiff, Krypta zulassen und um eine zentrale Piazza angeordnet sind. Der ungebändigte Wille des Künstlers nach dem Vordringen zum realen Geschehnis, zum realen Erlebnis und zur unmittelbaren, intensiven Wahrnehmung der Sinne und des Seins stellt den Ausgangspunkt und das immerwährende Leitmotiv für alle Ausstellungstätigkeiten und Unternehmungen des Museums dar.

Barrierefreie Zugänglichkeit

Eingang: ausgewiesener Behindertenparkplatz und barrierefreier Eingang

Im Gebäude: behindertengerechte Toiletten

Das Wichtigste auf einen Blick

- ✓ Barrierefreier Eingang
- ✓ Ermäßigter Eintritt
- ✓ Barrierefreier Empfang
- ✓ Begleithunde erlaubt
- ✓ Barrierefreie WCs

Nähere Infos auf www.museumsguide.at

Römerstadt Carnuntum

Hauptstraße 1A,
2404 Petronell-Carnuntum

Mo-So 9:00-17:00

€ 11 für Menschen mit Behindertenausweis
frei für Assistenzperson

Kontakt:
Dr. Marion Großmann
marion.grossmann@carnuntum.at
www.carnuntum.at

Die Römerstadt Carnuntum umfasst die sichtbaren Teile der ehemaligen römischen Metropole Carnuntum. Weltweit einzigartig wurde ein Stadtviertel am Originalstandort voll funktionstüchtig rekonstruiert. Höhepunkt ist eine ganzjährig beheizte Thermenanlage. Das Museum Carnuntinum zeigt die Höhepunkte aus 170 Jahren Forschungsgeschichte. Im Jahr 2021 wurde Carnuntum als Teil des Donaulimes ins UNESCO Welterbes aufgenommen.

Barrierefreie Zugänglichkeit

Eingang: barrierefrei

Im Gebäude: WCs, Garderoben barrierefrei, im Museum Carnuntinum Treppenlift vorhanden, Rollstühle zum Ausleihen

In Ausstellungen: Im Gelände im römischen Stadtviertel bedingt rollstuhlgeeignet, in den Rekonstruktionen tragbare Rampen vorhanden, taktile Beschriftungen und Modelle vorhanden, Induktionsschleifen vorhanden

Wie Inhalte vermittelt werden

in Leichter Sprache: Kurzführer

in Gebärdensprache: Videos in Wechselausstellungen

in Brailleschrift: Sämtliche Informationstafeln im Gelände, Kurzführer in Brailleschrift, taktile Modelle

multimedial: Videostation im Gelände

Inklusive Führungen und Angebote

Sensorische Vermittlungshilfen: Tastmodelle, taktile Grundrisse der römischen Häuser, taktile Modell des Stadtviertels

Das ist eine Informationstafel in Brailleschrift

Das Wichtigste auf einen Blick

- ✓ Barrierefreier Eingang
- ✓ Ermäßigter Eintritt
- ✓ Barrierefreier Empfang
- ✓ Begleithunde erlaubt
- ✓ Barrierefreie WCs
- ✓ Taktile Orientierungshilfen
- ✓ Verleih von Rollator/Rollstuhl
- ✓ Barrierefreie Website
- ✓ Spezialführungen/Angebote
- ✓ Induktive Höranlage

Nähere Infos auf www.museumsguide.at

„Museen sind in der Planung von neuen Angebote und Programme innovativ geworden. Wenn inklusive Ansätze und die Barrierefreiheit konsequent mitgedacht und mitgeplant werden, müssen sie nicht zwingend teurer oder schwierig sein."

Jennie Schellenbacher,
ARGE Inklusives Museum

Stadtmuseum Klosterneuburg

Kardinal-Piffl-Platz 8,
3400 Klosterneuburg

Samstag 14:00-18:00
So und Feiertage
10:00-18:00

frei für Menschen mit Behindertenausweis
frei für Assistenzperson

Kontakt:
stadtmuseum@klosterneuburg.at
www.stadtmuseum.klosterneuburg.at

Die Dauerausstellung zur Stadtgeschichte ist gleichermaßen für Erwachsenen wie Kinder konzipiert und wurde von letztgenannten mitgestaltet. Daher enthält jede Tafel auch einen Text in Kinder- oder einfacher Sprache, illustriert mit Kinderzeichnungen. Spielestationen ergänzen dieses Ausstellungskonzept. Die wechselnden Sonderausstellungen behandeln Themen zur Kunst, Geschichte oder Kultur der Stadt Klosterneuburg.

Barrierefreie Zugänglichkeit

Eingang: barrierefrei

Im Gebäude: Dauerausstellung im Kellerbereich mit Lift erreichbar, Behinderten-WC vorhanden; ein kleiner Ausstellungsbereich ist nicht barrierefrei, aber weitgehend einsichtig; Behinderten-Parkplatz vorhanden

In Ausstellungen: Boden: Parkett, Fliesen (zum Teil Naturstein), Kautschuk

Wie Inhalte vermittelt werden

in Leichter Sprache:
Die Dauerausstellung zur Stadtgeschichte von Klosterneuburg wurde „von Kindern für Kinder" mitgestaltet. Daher gibt es auf allen Texttafeln auch eine Leichter verständliche Textvariante (Niveau ca. 3. bis 4. Volksschule)

Das Wichtigste auf einen Blick

- ✓ Barrierefreier Eingang
- ✓ Barrierefreier Empfang
- ✓ Begleithunde erlaubt
- ✓ Barrierefreie WCs

Nähere Infos auf www.museumsguide.at

Stadtmuseum Tulln

Marc-Aurel-Park 1b,
3430 Tulln an der Donau

April-Oktober:
Mi-So 10:00-17:00

frei für Menschen mit Behindertenausweis
frei für Assistenzperson

Kontakt:
info@stadtmuseum-tulln.at
www.roemermuseum-tulln.at
www.virtulleum.at

Im ehemaligen Frauenkloster wartet eine Zeitreise durch alle Epochen: Das Virtulleum verknüpft mittels App 30 wertvolle Objekte mit 30 spannenden Orten in der Stadt. Diese Form der Geschichtsvermittlung ist in Österreich einzigartig. Das Römermuseum zeigt auf moderne Art mit zahlreichen Originalfunden, Bildern, Figurinen, Dioramen und Modellen das militärische und zivile Leben im Römerlager Comagenis.

Barrierefreie Zugänglichkeit

Eingang: Barrierefrei

Wie Inhalte vermittelt werden

multimedial: Kurzvideos in der Virtulleum-App

Das Wichtigste auf einen Blick

- ✓ Barrierefreier Eingang
- ✓ Barrierefreier Empfang
- ✓ Begleithunde erlaubt
- ✓ Barrierefreie Website

Nähere Infos auf www.museumsguide.at

Stillfried-Zentrum der Urzeit

Hauptstraße 23,
2262 Stillfried

April bis 15. November:
Mi 13:30-17:30
Sa-So & Feiertag
13:30-17:30
(letzter Einlass 17:00)

€ 5 für Menschen mit Behindertenausweis
€ 5 für Assistenzperson

Kontakt:
stillfried@aon.at
www.museumstillfried.at

Eine Zeitreise durch 30.000 Jahre Menschheitsgeschichte anhand von archäologischen Funden aus dem Raum Stillfried: Waffen und Schmuck altsteinzeitlicher Jäger, Gegenstände aus der spätbronzezeitlichen Burg an der Bernsteinstraße und dem Gräberfeld, die zahlreichen römischen Funde sowie Gegenstände vom mittelalterlichen Marktplatz und der landesfürstlichen Burg sind Schwerpunkte dieser Zeitreise.

Barrierefreie Zugänglichkeit

Eingang: Barrierefreier Zugang über einen Seiteneingang, führt direkt zur Kassa und zum Shop

Im Gebäude: alle drei Ebenen sind mittels Behindertenlifts erreichbar, ein barrierefreies WC steht zur Verfügung

In Ausstellungen: Laminatböden im Ausstellungsbereich, Steinböden auf den Gängen, Vitrinen teilweise unterfahrbar, Sitzmöglichkeiten vorhanden, Rollstuhl kann entlehnt werden

Wie Inhalte vermittelt werden

als Hörtexte: Hörtexte mittels GROUPY ab 2023 vorhanden, Gerät kann gegen Gebühr entlehnt werden

multimedial: Museumskino mit Einleitungsfilm, Videos im Ausstellungsbereich, Hörstationen bei Sonderausstellungen

QR codes: QR Codes zu Erläuterungen spezieller Themen und Funde via Handy frei nutzbar

Inklusive Führungen und Angebote

Sensorische Vermittlungshilfen: Tastobjekte-bitte an der Kassa danach fragen, Hörstationen

Das Wichtigste auf einen Blick

- ✓ Barrierefreier Eingang
- ✓ Ermäßigter Eintritt
- ✓ Barrierefreier Empfang
- ✓ Begleithunde erlaubt
- ✓ Barrierefreie WCs
- ✓ Verleih von Rollator/Rollstuhl
- ✓ Barrierefreie Website

Nähere Infos auf www.museumsguide.at

Waldbauernmuseum Gutenstein

Markt 31, 2770 Gutenstein

Sa 14:00-17:00
So 10:00-12:00 und
14:00-17:00
Juli und August täglich
14:00-17:00

€ 7 für Menschen mit Behindertenausweis
€ 7 für Assistenzperson

Preise für inklusive Führungen: € 7

Kontakt:
Judith Pawelak
pawelak-ast@aon.at
www.waldbauernmuseum.at

Im Waldbauernmuseum Gutenstein wird die Wirtschafts- und Sozialgeschichte des Schneeberggebietes gezeigt. Um leben zu können, mussten die Bauern aus dem Holz ihrer Wälder vielerlei Güter erzeugen und auf den Holzmärkten in Getreide umtauschen. Die Erzeugung dieser Produkte wird dargestellt.

Barrierefreie Zugänglichkeit

Eingang: Seiteneingang, Außenbereich

Im Gebäude: Wagenhalle

In Ausstellungen: Holzböden, Sitzmöglichkeiten

Wie Inhalte vermittelt werden

in Leichter Sprache: persönliche Führungen an die Bedürfnisse angepasst

als Hörtexte: Film einer Führung durch das Haus

Inklusive Führungen und Angebote

Zielgruppenspezifische Führungen: im Waldbauernmuseum Gutenstein wird jeder Gast durch das Haus geführt, sodass auf unterschiedliche Bedürfnisse eingegangen werden kann.

- Für Menschen mit Gehbehinderung kann im Film- und Veranstaltungsraum die Museumsführung als Film betrachtet werden. Anschließend wird von Vermittler:innen die jeweilige Sonderausstellung sowie auf Wunsch der Außenbereich erläutert.
- Für Menschen mit Sehbehinderungen dürfen vielerlei Geräte angegriffen werden.

Das Wichtigste auf einen Blick

- ✓ Barrierefreier Eingang
- ✓ Ermäßigter Eintritt
- ✓ Barrierefreier Empfang
- ✓ Begleithunde erlaubt
- ✓ Taktile Orientierungshilfen
- ✓ Spezialführungen/Angebote

Nähere Infos auf www.museumsguide.at

Weinviertler Museumsdorf Niedersulz

Niedersulz 250,
2224 Niedersulz

8. April bis 1. November:
Mo-So 9:30-18:00
ab 15. Oktober:
bis 17:00

€ 10 für Menschen mit Behindertenausweis
frei für Assistenzperson

Preise für inklusive Führungen und Workshops: € 4

Kontakt:
info@museumsdorf.at
www.museumsdorf.at

Im Weinviertler Museumsdorf Niedersulz tauchen die Besucher:innen ein in das Alltagsleben eines Weinviertler Dorfes mit Bauernhöfen, Handwerkshäusern, Kapellen, Stadeln, Wirtshaus, Schule und Presshäusern um 1900. Einzigartig sind die farbenprächtigen Bauerngärten: Die Vorgärten entlang der Dorfzeile sowie die Kräuter-,

Gemüse- und Obstgärten sind mit regionaltypischen Pflanzenraritäten bepflanzt.

Barrierefreie Zugänglichkeit

Eingang: ebenerdig, Lift ins Eingangsgebäude, ausgewiesene Behindertenparkplätze

Im Gebäude: Behindertengerechte Toiletten im Eingangsgebäude sowie im Dorfwirtshaus vorhanden. Für gehbehinderte Menschen und Rollstuhlfahrer:innen ist das Museumsdorf aufgrund der historischen Gebäudebedingungen und der natürlichen Hanglage mit geschotterten Wegen teilweise schwer zugänglich. Eine Begleitperson wird dringend empfohlen. Das Museumsdorf kann nach dem Ticketerwerb im Eingangsgebäude auf ebenem Wege betreten und auch wieder verlassen werden.

Inklusive Führungen und Angebote

Zielgruppenspezifische Führungen: spezielle Führung für Rollstuhlfahrer:innen bzw. für gehbehinderte Menschen (für Gruppen gegen Voranmeldung) sowie Folder für Rollstuhl-Runde (Individualbesucher:innen)

Sensorische Vermittlungshilfen: Tastobjekte bei Gruppenführungen

Das Wichtigste auf einen Blick

- ✓ Barrierefreier Eingang
- ✓ Ermäßigter Eintritt
- ✓ Barrierefreier Empfang
- ✓ Begleithunde erlaubt
- ✓ Barrierefreie WCs
- ✓ Spezialführungen/Angebote

Nähere Infos auf www.museumsguide.at

Wienerwaldmuseum Eichgraben

Hauptstraße 17,
3032 Eichgraben

Mi-Do 8:00-12:00
Sa-So & Feiertags
13:30-17:30

frei für Menschen mit Behindertenausweis
frei für Assistenzperson

Kontakt:
Rudolf Ichmann
info@wienerwaldmuseum.at
www.wienerwaldmuseum.at

Geologie, Archäologie, Ur- und Frühgeschichte, Kelten- und Römertum werden im Wienerwaldmuseum präsentiert. Ausstellungen im Freigelände ergänzen diese Thematik.
Am letzten Sonntag im Monat (April-September) zeigt das Museum lebendiges Handwerk: Korbflechter, Schmied, Schuster, Weber und andere Handwerker führen an alten Werkzeugen ihr traditionsreiches Handwerk vor.
Auch die Bücherfundgrube ist geöffnet.

Barrierefreie Zugänglichkeit

Eingang: barrierefreier Eingang

Im Gebäude: alle Ausstellungsräume, Garderobe, WCs, Treppenlift

In Ausstellungen: Ziegel-, Fliesen-, oder Holzböden

Das Wichtigste auf einen Blick

- ✓ Barrierefreier Eingang
- ✓ Barrierefreier Empfang
- ✓ Begleithunde erlaubt
- ✓ Barrierefreie WCs

Nähere Infos auf www.museumsguide.at

communale oö

Peuerbach 2023

Kosmos.
Neue Welten
31. Mai - 26. Oktober

Die communale oö, das neue Kulturformat des Landes OÖ ist zeitgenössisch, dynamisch, partizipativ und flexibel konzipiert.

Anders gesagt: sie bietet den Rahmen für ein interessantes, breitgefächertes Kultur-Programm.

Ob Ausstellungen, Performances, Bildende Kunst, Workshops, Konzerte, Lesungen, oder Diskussionsrunden – von 31. Mai bis 26. Oktober kann in Peuerbach Kultur in großer Vielfalt erlebt und genossen werden.

So vielseitig wie das Programm, sind auch die Veranstaltungsorte. communale Locations gibt es viele: in der Stadt und darüber hinaus.

Ober
österreich

Ars Electronica Center

Ars-Electronica-Straße 1,
4040 Linz

Di-So 10:00-17:00

€ 9 für Menschen mit Behindertenausweis
€ 11,50 für Assistenzperson

Kontakt:
Nicole Grüneis
nicole.grueneis@
ars.electronica.art
www.ars.electronica.art

Künstlicher Intelligenz beim „Denken" zuschauen. Selbstfahrende Autos trainieren. Roboter programmieren. 3D-drucken. Die eigene DNA mit der Genschere bearbeiten. Bei einem Besuch des Ars Electronica Center erleben die Besucher:innen wie neue Technologien, allen voran Künstliche Intelligenz, unser Leben verändern.

Barrierefreie Zugänglichkeit

Eingang: Haupteingang sowie Seiteneingänge barrierefrei

Im Gebäude: Alle Stockwerke und Ausstellungsbereiche sind barrierefrei über zwei Lifte zugänglich. Barrierefreie WCs sind vorhanden. Ansage der Stockwerke im Lift und Übersetzung der Stockwerke in Braille.

In Ausstellungen: Alle Ausstellungen sind barrierefrei zugänglich

Wie Inhalte vermittelt werden

in Leichter Sprache: Das Museum setzt auf personelle Vermittlung von Inhalten durch Infotrainer:innen, weshalb eine individuelle, auf persönliche Bedürfnisse angepasste Vermittlung möglich ist.

Das Wichtigste auf einen Blick

- ✓ Barrierefreier Eingang
- ✓ Ermäßigter Eintritt
- ✓ Barrierefreier Empfang
- ✓ Begleithunde erlaubt
- ✓ Barrierefreie WCs
- ✓ Verleih von Rollator/Rollstuhl

Nähere Infos auf www.museumsguide.at

Heimathaus-Stadtmuseum Perg

Stifterstraße 1, 4320 Perg

Sa-So 14:00-17:00
Gruppen jederzeit
nach Vereinbarung

€ 3 für Menschen mit
Behindertenausweis
frei für Assistenzperson

Kontakt:
heimathaus-stadtmuseum@perg.at
www.pergmuseum.at

Das Regionalmuseum im Bezirk Perg hat folgende Schwerpunkte: Die Zunft der Perger Mühlsteinbrecher, Kaolingewinnung und Granitindustrie, Von der Urzeit bis zum Mittelalter, das Gräberfeld Auhof, die Perger Keramik und Malhorntechnik sowie die Geschichte der Stadt Perg. Sonderausstellungen gibt es jedes Jahr von Mai bis Oktober.

Barrierefreie Zugänglichkeit

Eingang: Barrierefrei

Im Gebäude: Alles barrierefrei, Lift, Behinderten-WC

In Ausstellungen: Variable Sitzmöglichkeiten

Wie Inhalte vermittelt werden

in Leichter Sprache: Vorhanden in Form von Schautafeln

multimedial: Medienstationen

Das Wichtigste auf einen Blick

- ✓ Barrierefreier Eingang
- ✓ Ermäßigter Eintritt
- ✓ Barrierefreier Empfang
- ✓ Barrierefreie WCs
- ✓ Spezialführungen/Angebote

Nähere Infos auf www.museumsguide.at

KTM Motohall

KTM Platz 1,
5230 Mattighofen

Mi-So 9:00-18:00

€ 9,10 für Menschen mit Behindertenausweis
€ 13 für Assistenzperson

Preise für inklusive Führungen und Workshops: € 99

Kontakt:
info.motohall@ktm.com
www.ktm-motohall.com

In der Erlebniswelt im oberösterreichischen Innviertel kommt vom Motorrad-Enthusiasten bis zum Neuling jeder voll auf seine Kosten. Denn ein Aufenthalt in der KTM Motohall soll von jung bis alt gleichermaßen spannend und interessant sein. Dazu gibt es ein breites Spektrum an Ausstellungstouren und individuelle Führungen für Gruppen bis zu 20 Personen. Mit einem Audioguide kann man die Ausstellung auf eigene Faust erkunden.

Barrierefreie Zugänglichkeit

Eingang: Barrierefreier Ein- und Ausgang, Tiefgaragenaufgang barrierefrei, Behindertenparkplätze in der Tiefgarage

Im Gebäude: Lift im gesamten Gebäude, Barrierefreie WCs

In Ausstellungen: Barrierefreie Ausstellungsfläche auf 3 Ebenen

Inklusive Führungen und Angebote

Zielgruppenspezifische Führungen: Individuelle Führungen innerhalb und auch außerhalb der Öffnungszeiten, offene geführte Touren zu vordefinierten Zeiten

Inklusive Workshops: Workshops im Innovation Lab für Kinder und Jugendliche

Sensorische Vermittlungshilfen: Audioguide / Kids Audioguide

Das Wichtigste auf einen Blick

- ✓ Barrierefreier Eingang
- ✓ Ermäßigter Eintritt
- ✓ Barrierefreier Empfang
- ✓ Barrierefreie WCs
- ✓ Verleih von Rollator/Rollstuhl
- ✓ Spezialführungen/Angebote

Nähere Infos auf www.museumsguide.at

Lentos Kunstmuseum Linz

Ernst-Koref-Promenade 1,
4020 Linz

Di-So 10:00-18:00
Do 10:00-20:00

€ 5 für Menschen mit Behindertenausweis
frei für Assistenzperson
Sonstige Ermäßigungen: Kulturpass

Preise für inklusive Führungen und Workshops: € 3

Kontakt:
Karin Schneider
karin.schneider@lentos.at
www.lentos.at

Das Lentos Kunstmuseum zählt zu den bedeutendsten Museen moderner und zeitgenössischer Kunst in Österreich. Die Sammlung umfasst Meisterwerke der europäischen Malerei der ersten Hälfte des 20. Jahrhunderts, eine reichhaltige Grafiksammlung und qualitätsvolle Fotografiebestände. So spannt das Lentos den Bogen zwischen der klassischen Moderne bis hin zu aktuellsten Kunstpositionen der Gegenwart.

Barrierefreie Zugänglichkeit

Eingang: Ebenerdiger Zugang durch den Haupteingang mit automatischen Schiebetüren (Durchgangsbreite 120 cm).

Im Gebäude: Alle Räumlich-keiten des Museums sind barrierefrei zugänglich.
In das Unter- und Obergeschoss führt ein Personenlift (Türbreite 118 cm). Das Behinderten-WC befindet sich im Unterschoss des Museums. Ein Leih-Rollstuhl ist an der Museumskasse im Erdgeschoss erhältlich.

In Ausstellungen: Sitzmöglichkeiten sind in den Ausstellungsräumen vorhanden

Wie Inhalte vermittelt werden

in Gebärdensprache/ multimedial: Übersetzung in ÖGS im Multimediaguide

Inklusive Führungen und Angebote

Zielgruppenspezifische Führungen: Führungen mit Gebärdesprachen-dolmetscher:in zu einzelnen Ausstellungen

Inklusive Workshops:
- Workshops für Menschen mit Demenzerkrankung

- Atelierangebote für Menschen mit besonderen Bedürfnissen nach Anfrage

Eine Führung mit Gebärdesprachendolmetscher:in

Das Wichtigste auf einen Blick

- ✓ Barrierefreier Eingang
- ✓ Ermäßigter Eintritt
- ✓ Barrierefreier Empfang
- ✓ Begleithunde erlaubt
- ✓ Barrierefreie WCs
- ✓ Verleih von Rollator/Rollstuhl
- ✓ Spezialführungen/Angebote

Nähere Infos auf www.museumsguide.at

„Mit der capito-App können Museums-inhalte nahezu unbegrenzt in unterschiedlichen Sprachstufen und Sprachen angeboten und mittels QR-Code oder Weblink abgerufen werden. Die App können Besucher:innen direkt in Form des Smartphones in der Tasche haben.“

Walburga Fröhlich,
Geschäftsführerin, capito.eu

Lern- und Gedenkort Charlotte-Taitl-Haus

Rossmarkt 29,
4910 Ried im Innkreis

Di, Do und Fr:
09:00-12:00 und
13:00-17:00
Sa 9:00-12:00

frei für Menschen mit Behindertenausweis
frei für Assistenzperson

Kontakt:
Dr. Sieglinde Frohmann
kultur@ried.gv.at
www.ried.at

Der Lern- und Gedenkort Charlotte-Taitl-Haus ist den Opfern von Nationalsozialismus und Faschismus im Bezirk Ried im Innkreis gewidmet und stellt eine Erweiterung der stadtgeschichtlichen Ausstellung des Museums Innviertler Volkskundehaus dar. Der Lern- und Gedenkort ist eine inklusive Ausstellung mit gleichwertigem Informationszugang für alle.

Barrierefreie Zugänglichkeit

Eingang: Ebenerdig

Im Gebäude: ebenerdig, 1 WC, Garderobe

In Ausstellungen: Sitzwürfel, befahrbare Böden, markierte Glastür

Wie Inhalte vermittelt werden

in Leichter Sprache: Texte großteils in Leichter Sprache

als Hörtexte: Personenstelen großteils mit Einhandkopfhörer, Infobox mit original Tondokumenten und Zeitzeigenberichten

in Gebärdensprache: Einführung sowie alle Texte, die auch in LL zur Verfügung stehen

in Brailleschrift: taktiler Orientierungsplan, alle Namen der NS-Opfer, Informationsfolder

multimedial: Touchscreen mit Zusatzinformationen zu den NS-Opfern

QR codes: für Leichter Lesen

Inklusive Führungen und Angebote

Sensorische Vermittlungshilfen: Hörstationen mit Einhandkopfhörern

Das Wichtigste auf einen Blick

- ✓ Barrierefreier Eingang
- ✓ Barrierefreier Empfang
- ✓ Begleithunde erlaubt
- ✓ Barrierefreie WCs
- ✓ Taktile Orientierungshilfen
- ✓ Spezialführungen/Angebote

Nähere Infos auf www.museumsguide.at

Lern- und Gedenkort Schloss Hartheim

Schloßstraße 1,
4072 Alkoven

Mo-Do 9:00-16:00
Fr 9:00-15:00
So & Feiertage
10:00-17:00

€ 4 für Menschen mit Behindertenausweis
frei für Assistenzperson

Preise für inklusive Führungen und Workshops: € 6 bis € 9

Kontakt:
office@schloss-hartheim.at
www.schloss-hartheim.at

Im Schloss Hartheim befand sich von 1940 bis 1944 eine NS-Euthanasieanstalt, in der rund 30.000 körperlich und geistig beeinträchtigte bzw. psychisch kranke Menschen, arbeitsunfähige KZ-Häftlinge und Zwangsarbeiter:innen ermordet wurden. 1995 wurde der Verein Schloss Hartheim gegründet, 2003 wurde mit der Gedenkstätte und der Ausstellung „Wert des Lebens“ der Lern- und Gedenkort Schloss Hartheim eröffnet.

Barrierefreie Zugänglichkeit

Eingang: vollständig barrierefrei

Im Gebäude: alle Ausstellungsbereiche im und um das Gebäude, Garderobe, 1 Lift, WCs, Café, Buchshop

In Ausstellungen: Bewegungsraum für Rollstuhlfahrer:innen, Sitzgelegenheiten (auch mobil zum Mitnehmen), Orientierungs-Pläne in Ausstellungsbroschüren in Leichter Sprache verfügbar

Wie Inhalte vermittelt werden

in Leichter Sprache: Informationen zu den Räumen der Gedenkstätte und Ausstellung „Wert des Lebens“ über Capito-App abrufbar, Broschüren in Leichter Sprache zu Gedenkstätte und Ausstellung

als Hörtexte: über die App abrufbar

in Gebärdensprache: über die App abrufbar, teilweise auch Videos in den Ausstellungsräumen

in Brailleschrift: taktile Orientierungspläne in der Gedenkstätte, Broschüre mit Texten zur Gedenkstätte

multimedial: Diverse Video-Stationen in den Ausstellungsräumen mit Untertiteln, barrierefreie App

QR codes: für barrierefreie App für Gebärdensprache, Fremdsprachen und leichte Sprache

Inklusive Führungen und Angebote

Zielgruppenspezifische Führungen: Führungen in leicht verständlicher Sprache, max. 5 Teilnehmer:innen pro Gruppe (exkl. Begleitpersonen), Dauer: 2 bis 4 Stunden

Das Wichtigste auf einen Blick

- ✓ Barrierefreier Eingang
- ✓ Ermäßigter Eintritt
- ✓ Barrierefreier Empfang
- ✓ Begleithunde erlaubt
- ✓ Barrierefreie WCs
- ✓ Taktile Orientierungshilfen
- ✓ Barrierefreie Website
- ✓ Spezialführungen/Angebote

Nähere Infos auf www.museumsguide.at

Museum Arbeitswelt

Wehrgrabengasse 7,
4400 Steyr

Di-Fr 09:00-17:00
Sa-So und Feiertage
10:00-17:00

€ 5 für Menschen mit
Behindertenausweis
frei für Assistenzperson

Preise für inklusive
Führungen und
Workshops: € 3 bis € 4

Kontakt:
Martin Hagmayr
vermittlung@
museumarbeitswelt.at
www.museumarbeitswelt.at

Untergebracht in zwei ehemaligen Fabriksgebäuden, war das Museum Arbeitswelt das erste Arbeitsmuseum in Österreich. Seit 1987 werden Ausstellungen zu gesellschaftlich und historisch relevanten Themen gezeigt. Seit 2013 wird der lokale Lern- und Gedenkort STOLLEN DER ERINNERUNG betreut. 2018 erhielt das Museum das COME-IN!-Label für barrierefreie Museen sowie 2019 den Österreichischen Museumspreis.

Barrierefreie Zugänglichkeit

Eingang: Barrierefreie Parkplätze in Museumsnähe, Barrierefreier ebenerdiger Eingang.

Im Gebäude: Ausstellung im Erdgeschoss ebenerdig zugänglich, keine Treppen. Lift zu Seminar- und Veranstaltungsräumen. Barrierefreies WC und Garderobe.

In Ausstellungen: Sitzmöglichkeiten, tragbare Hocker, Leihrollstuhl, Leihrollator, Leihlupen, optische Kennzeichnung von Glastüren, Säulen. Je nach Ausstellung unterschiedliche barrierefreie Elemente in den Ausstellungen.

Wie Inhalte vermittelt werden

in Leichter Sprache: Informationstexte in Leichter Sprache. Je nach Wechselausstellung entweder per QR-Code, Tafel oder Booklet.

in Brailleschrift: Taktiler Orientierungsplan beim STOLLEN DER ERINNERUNG. Unterschiedliche taktile Elemente bei den Wechselausstellungen.

Sonstiges: Broschüre in Leichter Lesen für den STOLLEN DER ERINNERUNG.

Inklusive Führungen und Angebote

Zielgruppenspezifische Führungen: Regelmäßige Führungen mit ÖGS-Dolmetscher:in

Inklusive Führungen und Workshops:
- Inklusive Workshops und Führungen in allen Ausstellungen in einfacher Sprache
- Spezielle Programme für an Demenz erkrankte Personen buchbar

Sensorische Vermittlungshilfen: Unterschiedliche taktile Elemente in den Ausstellungen für Einzelbesucher:innen. Tast,- Hör,- und Riechelemente in Führungen und Workshops.

Das Wichtigste auf einen Blick

- ✓ Barrierefreier Eingang
- ✓ Ermäßigter Eintritt
- ✓ Barrierefreier Empfang
- ✓ Begleithunde erlaubt
- ✓ Barrierefreie WCs
- ✓ Taktile Orientierungshilfen
- ✓ Verleih von Rollator/Rollstuhl
- ✓ (teilweise) Barrierefreie Website
- ✓ Spezialführungen/Angebote
- ✓ (teilweise) Induktive Höranlage

Nähere Infos auf www.museumsguide.at

Museum in der Schule & Radiomuseum

Schulstraße 3,
4775 Taufkirchen

Mi, Sa und So
13:00-17:00

frei für Menschen mit Behindertenausweis
frei für Assistenzperson

Kontakt:
Adolf Spitzenberger
museum.schule@gmx.at
www.mueum-in-der-schule.at

Österreichs einziges Museum in einer Schule mit Ausstellungskojen über die Entwicklung des Rundfunks, Geschichte der Fotografie, Religiosität und Aberglaube, Geschichte der Beleuchtung, Erdöl das schwarze Gold, Imkerei & Honigbiene. Außerdem besitzt das Museum eine Musikinstrumentensammlung und ein monumentales Glasfenster der Künstlerin Margret Bilger.

Barrierefreie Zugänglichkeit

Eingang: barrierefrei

Im Gebäude: Lift vorhanden

In Ausstellungen:
Sitzmöglichkeiten

Das Wichtigste auf einen Blick

- ✓ Barrierefreier Eingang
- ✓ Barrierefreier Empfang
- ✓ Begleithunde erlaubt
- ✓ Barrierefreie WCs
- ✓ Spezialführungen/Angebote

Nähere Infos auf www.museumsguide.at

Museum Innviertler Volkskundehaus

Kirchenplatz 13,
4910 Ried im Innkreis

Di-Fr 09:00-12:00 und
14:00-17:00
Sa 14:00-17:00

€ 3 für Menschen mit
Behindertenausweis
frei für Assistenzperson

Kontakt:
kultur@ried.gv.at
www.ried.at

Im Innviertler Volkskundehaus begeben sich Besucher:innen auf eine Zeitreise durch die Geschichte der Stadt Ried und die reiche Kultur des Innviertels. Highlights sind die einzigartige Sammlung an Schwanthaler Skulpturen sowie die „Stille-Nacht-Krippe", die seit 2018 neu präsentiert wird. Für Liebhaber der bildenden Künste wird eben Alfred Kubin und Wilhelm Dachauer ein repräsentativer Querschnitt durch die Innviertler Kunstlandschaft geboten.

Barrierefreie Zugänglichkeit

Eingang: Ebenerdig

Im Gebäude: alle Ausstellungsräume, 1 WC, Lift, Garderobe

In Ausstellungen: Barrierefreier Boden, unterfahrbare Vitrinen, Museumshocker

Wie Inhalte vermittelt werden

in Leichter Sprache: Infotexte zur Stille-Nacht-Krippe

als Hörtexte: Audioguide, Hörstationen zur Krippe

in Brailleschrift: zur stadtgeschichtlichen Ausstellung und zur Krippe, taktiler Orientierungsplan

QR codes: Stille-Nacht-Krippe

Inklusive Führungen und Angebote

Sensorische Vermittlungshilfen: Tastobjekte in der Ausstellung, Stille-Nacht-Krippe mit Tastobjekten und Hörstationen

Das Wichtigste auf einen Blick

- ✓ Barrierefreier Eingang
- ✓ Ermäßigter Eintritt
- ✓ Barrierefreier Empfang
- ✓ Begleithunde erlaubt
- ✓ Barrierefreie WCs
- ✓ Taktile Orientierungshilfen
- ✓ Spezialführungen/Angebote

Nähere Infos auf www.museumsguide.at

Museum Lauriacum

Hauptplatz 19, 4470 Enns

Mai-Oktober:
Mo-So und Feiertage
9:00-17:00
November-April:
Mo-Fr 9:00-15:00

frei für Menschen mit
Behindertenausweis
frei für Assistenzperson

Preise für inklusive Führungen und Workshops:
frei bis € 5

Kontakt:
office@museum-lauriacum.at
www.museum-lauriacum.at

In einem der modernsten Römermuseen Österreichs erwartet die Besucher:innen eine spannende und erlebnisreiche Entdeckungsreise in die Welt der Legionäre, ihrer Geschichte und ihres Alltags.

Barrierefreie Zugänglichkeit

Eingang: Stufenloser Haupteingang

Im Gebäude: alle Ausstellungsbereiche, WCs, Lift

In Ausstellungen: Barrierefreier Boden, Sitzmöglichkeiten, Bewegungsraum für Rollstuhlfahrer:innen

Wie Inhalte vermittelt werden

als Hörtexte: Ausgewählte Hörstationen

multimedial: Multimediastationen

Inklusive Führungen und Angebote

Zielgruppenspezifische Führungen: In Leichter Sprache und für Menschen mit Sehschwäche auf Anfrage jederzeit möglich

Sensorische Vermittlungshilfen: Tastobjekte, Riech- und Hörstationen

Das Wichtigste auf einen Blick

- ✓ Barrierefreier Eingang
- ✓ Ermäßigter Eintritt
- ✓ Barrierefreier Empfang
- ✓ Begleithunde erlaubt
- ✓ Barrierefreie WCs
- ✓ Taktile Orientierungshilfen
- ✓ Spezialführungen/Angebote
- ✓ Induktive Höranlage

Nähere Infos auf www.museumsguide.at

Museum Pregarten

Stadtplatz 13,
4230 Pregarten

Sa, So, Feiertage
14:00-17:00
Sonderführungen
jederzeit

€ 3 für Menschen mit
Behindertenausweis
€ 4 für Assistenzperson

Kontakt:
Reinhold Klinger
reinhold.klinger@aon.at
www.museumpregarten.at

Das Regionalmuseum zeigt Produkte der ersten oberösterreichischen Steingutfabrik in Pregarten, Handel und Gewerbe der Region, Funde der spätbronzezeitlichen Hügelgräber beim Bau der S10 sowie regelmäßige Sonderausstellungen.

Barrierefreie Zugänglichkeit

Eingang: barrierefrei

Im Gebäude: Museum ist ebenerdig; maximal eine Stufe innerhalb der Räume; Rampen je Stufe vorhanden

In Ausstellungen: überwiegend Parkettboden; im Stadel Steinboden ohne Niveauunterschiede

Das Wichtigste auf einen Blick

- ✓ Barrierefreier Eingang
- ✓ Ermäßigter Eintritt
- ✓ Barrierefreier Empfang
- ✓ Begleithunde erlaubt
- ✓ Barrierefreie WCs
- ✓ Spezialführungen/ Angebote

Nähere Infos auf www.museumsguide.at

Nordico Stadtmuseum Linz

Simon-Wiesenthal-Platz 1,
4020 Linz

Mo-So 10:00-18:00
Do 10:00-20:00

€ 3 für Menschen mit Behindertenausweis
frei für Assistenzperson

Preise für inklusive Führungen und Workshops: € 3

Kontakt:
Karin Schneider
karin.schneider@lentos.at
www.nordico.at

Der Linzer Universalsammler Hofrat Anton Maximilian Pachinger legte vor 45 Jahren den Grundstock des Stadtmuseums. Es zeigt einen Querschnitt aus dem Spannungsfeld Alltag, Kunst- und Stadtgeschichte sowie Sonderausstellungen, oft mit partizipativen Aspekten.

Barrierefreie Zugänglichkeit

Eingang: Ebenerdiger Zugang durch den Haupteingang (Durchgangsbreite 90 cm). Die Eingangstüre öffnet sich mittels Bewegungsmelder.

Im Gebäude: alle Räumlichkeiten, Lift in die Obergeschoße (Türbreite 110 cm)

Wie Inhalte vermittelt werden

in Leichter Sprache: Allgemeines Heftchen in Leichter Sprache kann über Website heruntergeladen werden

in Gebärdensprache: Teilweise und nach Bedarf Führungen in ÖGS

Inklusive Führungen und Angebote

Zielgruppenspezifische Führungen: Führungen mit ÖGS-Dolmetscher:innen für blinde und sehbehinderte Menschen

Inklusive Workshops: Workshops für Menschen mit Demezerkrankung und Menschen mit besonderen Bedürfnissen

Das Wichtigste auf einen Blick

- ✓ Barrierefreier Eingang
- ✓ Ermäßigter Eintritt
- ✓ Barrierefreier Empfang
- ✓ Begleithunde erlaubt
- ✓ Barrierefreie WCs
- ✓ Verleih von Rollator/Rollstuhl
- ✓ Spezialführungen/Angebote

Nähere Infos auf www.museumsguide.at

OÖ. Literaturmuseum im StifterHaus

Adalbert-Stifter-Platz 1,
4020 Linz

Di-So 10:00-15:00

frei für Menschen mit Behindertenausweis
frei für Assistenzperson

Kontakt:
c.lehner@stifter-haus.at
www.stifterhaus.at

Das OÖ. Literaturmuseum befindet sich in den ehemaligen Wohnräumen Adalbert Stifters (1805-1868), dessen Leben und Werk hier durch Originalmobiliar, Gemälde und Autographen erfahrbar gemacht wird. Einen Querschnitt durch die oö. Literaturgeschichte von 800 n. Chr. bis ins 20. Jhdt. vermittelt die Dauerausstellung mit Werken, Realien und Fotografien von rund 30 Autor:innen, u.a. Thomas Bernhard.

Barrierefreie Zugänglichkeit

Eingang: barrierefreier Haupteingang

Im Gebäude: alle Ausstellungsräume, Garderobe, Lift, 4 WCs

In Ausstellungen: Barrierefreier Boden

Das Wichtigste auf einen Blick

- ✓ Barrierefreier Eingang
- ✓ Barrierefreier Empfang
- ✓ Begleithunde erlaubt
- ✓ Barrierefreie WCs
- ✓ Induktive Höranlage

Nähere Infos auf www.museumsguide.at

„Universelles Design berücksichtigt die Fähigkeiten einer möglichst großen Anzahl von NutzerInnen. Es geht um einen Gestaltungsprozess, der zu Ergebnissen führt, die von möglichst vielen Menschen genutzt werden können.“

Doris Prenn,
Designerin, prenn_punkt büro für kommunikation und gestaltung

Salzburg

Bergbau- und Gotik-museum Leogang

Hütten 10, 5771 Leogang

Di-So 10:00-17:00

€ 10 für Menschen mit Behindertenausweis
€ 10 für Assistenzperson

Preise für inklusive Führungen und Workshops: € 40

Kontakt:
info@museum-leogang.at
www.museum-leogang.at

Das Bergbau- und Gotikmuseum Leogang beheimatet bergbauliche Meisterwerke und sakrale gotische Kunst von europäischer Spitzenqualität. Durch hochrangige Ausstellungen in Kooperation mit den größten Europäischen Museen, der professionellen Arbeitsweise und der persönlichen Vermittlung hat man sich international einen ausgezeichneten Ruf erworben.

Barrierefreie Zugänglichkeit

Eingang: Barrierefreier Zugang und Haupteingang

Im Gebäude: Alle Ausstellungsräume, Garderobe, 1 Lift, 1 WC

In Ausstellungen:
Barrierefreier Boden, Bewegungsraum für Rollstuhlfahrer:innen, Sitzgelegenheiten, Orientierungshilfen, kostenloser Rollstuhl/Rollator, Leitsystem vorhanden

Wie Inhalte vermittelt werden

als Hörtexte: Audioguide mit Beschreibungen für sehbeeinträchtigte Personen

multimedial: Webapp mit Objektbeschreibungen zum Hören oder Lesen in mehreren Sprachen und Schriftgrößen

Nähere Infos auf www.museumsguide.at

Inklusive Führungen und Angebote

Zielgruppenspezifische Führungen: individuell nach Wunsch und nach telefonischer Voranmeldung.

Das Wichtigste auf einen Blick

- ✓ Barrierefreier Eingang
- ✓ Barrierefreier Empfang
- ✓ Begleithunde erlaubt
- ✓ Barrierefreie WCs
- ✓ Taktile Orientierungshilfen
- ✓ Verleih von Rollator/Rollstuhl
- ✓ Spezialführungen/Angebote
- ✓ Induktive Höranlage

DomQuartier Salzburg

Residenzplatz 1,
5020 Salzburg

Mi-Mo 10:00-17:00

frei für Menschen mit Behindertenausweis
frei für Assistenzperson

Preise für inklusive Führungen und Workshops: € 80 bis € 100, € 400 außerhalb der Öffnungszeiten

Kontakt:
office@domquartier.at
www.domquartier.at

Mit dem DomQuartier Salzburg wurde die ursprüngliche architektonische Einheit des Dom- und Residenzbereichs – unter Einbeziehung des Benediktinerklosters St. Peter – wiederhergestellt und damit ein international einzigartiges Museumsprojekt geschaffen, das heute zum UNESCO-Weltkulturerbe zählt. Der Rundgang vermittelt ein unvergleichliches Zusammenspiel von 1300 Jahren Herrschaftsgeschichte, Kunst, Musik und Architektur.

Barrierefreie Zugänglichkeit

Eingang: Barrierefreier Eingang

Im Gebäude: Café, Shop, barrierefreies WC, mit dem Lift erreichbar. Eine durchgehende Befahrung des Rundganges ist aufgrund der baulichen Gegebenheiten leider nicht möglich.

In Ausstellungen: Rollstuhl an der Kassa gegen Voranmeldung, Gehhilfe-Museumsstuhl

Wie Inhalte vermittelt werden

als Hörtexte: Audioguides kostenfrei, 2 iPads mit Gebärdensprachenvideos

in Gebärdensprache: Sonderführungen möglich

Inklusive Führungen und Angebote

Zielgruppenspezifische Führungen: Auf Anfrage

- Führung für Menschen mit Hörbeeinträchtigung und für gehörlose Menschen

- Führung für Menschen mit Sehbeeinträchtigung und für blinde Menschen

Inklusive Führungen und Workshops:
individuell buchbar

- Barocke Sinnlichkeit (Führung)
- Bild-Wort-Sprache, Bunte Klangreise, Modul-Programm (Workshops)

Sensorische Vermittlungshilfen: Domfassade-Tastobjekt, Tast- und Riechstation zu Jan Davidsz. de Heem: „Still-Leben", 1642

Die Domfassade zum Ertasten

Das Wichtigste auf einen Blick

- ✓ Barrierefreier Eingang
- ✓ Ermäßigter Eintritt
- ✓ Barrierefreier Empfang
- ✓ Begleithunde erlaubt
- ✓ Barrierefreie WCs
- ✓ Verleih von Rollator/Rollstuhl
- ✓ Barrierefreie Website
- ✓ Spezialführungen/Angebote
- ✓ Induktive Höranlage

Nähere Infos auf www.museumsguide.at

Kunst für alle!

Österreichs gemeinnützige Stiftungen leisten einen wichtigen Beitrag für inklusive Kunst und Kultur.

Mit rund 70 Millionen Euro pro Jahr unterstützen gemeinnützig aktive Stiftungen aus Österreich Projekte im In- und Ausland. Neben Bildung, Soziales, Umwelt, Wissenschaft und Forschung bilden Kunst und Kultur einen wichtigen Bereich des philanthropischen Engagements.

Dabei zeigte sich, dass die Wirkung der gemeinnützigen Stiftungen weit über die Ermöglichung von Malerei, Bildhauerei, Musik, Film, Literatur oder Theater hinaus geht.

Wichtige Impulsgeber

Folgende Stiftungen sind unter anderem im Bereich Kunst und Kultur aktiv: CAPE 10 Stiftung, Ernst-Michael-Kranich-Stiftung, ERSTE Foundation, Essl Foundation, Gemeinnützige Privatstiftung Kaiserschild, Gustav Klimt | Wien 1900–Privatstiftung, Impulse Privatstiftung, Kärntner Kulturstiftung, Leopold Museum – Privatstiftung, Österreichische Friedrich und Lillian Kiesler Privatstiftung, Österreichische Ludwig Stiftung für Kunst und Wissenschaft, Porticus Community Arts Lab (CAL), RD FOUNDATION VIENNA, Salzburg Stiftung der American Austrian Foundation, 35 Sparkassenstiftungen in ganz Österreich, Stiftung Philanthropie Österreich.

Gemeinnützig Stiften

Der Verband für gemeinnütziges Stiften ist die Interessenvertretung gemeinnützig aktiver Stiftungen und Fonds in Österreich.

Er versteht sich als Sprachrohr gegenüber Politik und Gesellschaft. Ziel des Verbandes ist es, seine Mitglieder zu vernetzen und sie in ihrem engagierten Handeln bestmöglich zu unterstützen.

Verband für gemeinnütziges Stiften

Kontakt und weitere Informationen unter:
gemeinnuetzig-stiften.at

Keltenmuseum Hallein

Pflegerplatz 5,
5400 Hallein

Mo-So
9:00-17:00

frei für Menschen mit Behindertenausweis
frei für Assistenzperson

Kontakt:
Barbara Tober
b.tober@keltenmuseum.at
www.keltenmuseum.at/

Das Keltenmuseum Hallein ist eines der größten Museen für keltische Geschichte und Kunst in Europa. Auch die Urgeschichte Salzburgs und die Stadtgeschichte Halleins werden hier lebendig.
Die Kombination aus eisenzeitlichen Gräberfeldern, Siedlungsflächen und dem Salzbergbau auf dem Dürrnberg ist einzigartig in Europa. Begehbare Stollen, Einblicke in Grabkammern, kunstvoller Goldschmuck - Kunst und

Kultur der Kelten werden im Keltenmuseum Hallein erlebbar.

Barrierefreie Zugänglichkeit

Eingang: Barrierefreier Eingang, Lift

Im Gebäude: Alle Ausstellungsbereiche, sowie die Toiletten im Erdgeschoss sind barrierefrei zugänglich.

In Ausstellungen: Bewegungsraum für Rollstuhlfahrer:nnen, Sitzgelegenheiten

Wie Inhalte vermittelt werden

in Leichter Sprache: Texte in Leichter Sprache sind in vielen Bereichen vorhanden.

Inklusive Führungen und Angebote

Zielgruppenspezifische Führungen: Führungen in Gebärdensprache können nach Verfügbarkeit gebucht werden, Kostenlose Führungen in Gebärdensprache am Tag der Barrierefreiheit

Das Wichtigste auf einen Blick

- ✓ Barrierefreier Eingang
- ✓ Ermäßigter Eintritt
- ✓ Barrierefreier Empfang
- ✓ Begleithunde erlaubt
- ✓ Barrierefreie WCs
- ✓ Taktile Orientierungshilfen
- ✓ Spezialführungen/Angebote

Nähere Infos auf www.museumsguide.at

Museum Bramberg

Weichseldorf 27,
5733 Bramberg

Mai-Oktober:
Di, Do, So 10:00-18:00
Juni-September:
Mo-So 10:00-18:00

€ 3 für Menschen mit Behindertenausweis
€ 3 für Assistenzperson

Preise für inklusive Führungen und Workshops: € 40

Kontakt:
Waltraud Moser-Schmidl
info@museumbramberg.at
www.museumbramberg.at

Besucher:innen erleben im Museum Bramberg eine Welt von Naturwundern und tauchen in die Geschichte ihrer Vorfahren ein. Bekannt ist das Museum vor allem wegen der eindrucksvollen Nationalparkausstellung „Smaragde und Kristalle", die mit einem Treppenlift erreichbar ist. Der volkskundliche Bereich „Mensch und Kultur“ im historischen Bauernhaus ist leider nicht mit dem Rollstuhl befahrbar.

Barrierefreie Zugänglichkeit

Eingang: barrierefrei

Im Gebäude:
Nationalparkausstellung mit Treppenlift erreichbar,
1 barrierefreies WC

In Ausstellungen: Sitzgelegenheiten im gesamten Gebäude

Wie Inhalte vermittelt werden

multimedial: Kino in der Nationalparkausstellung

Inklusive Führungen und Angebote

Zielgruppenspezifische Führungen: Tastführungen auf Anfage

Das Wichtigste auf einen Blick

- ✓ Barrierefreier Eingang
- ✓ Ermäßigter Eintritt
- ✓ Barrierefreier Empfang
- ✓ Begleithunde erlaubt
- ✓ Barrierefreie WCs
- ✓ Spezialführungen/Angebote

Nähere Infos auf www.museumsguide.at

Museum der Moderne Salzburg Altstadt (Rupertinum)

Wiener-Philharmoniker-Gasse 9, 5020 Salzburg

Di-So 10:00-18:00
Mi 10:00-20:00
während der Feiertage und Festspiele zusätzlich
Mo 10:00-18:00

frei für Menschen mit Behindertenausweis
frei für Assistenzperson

Preise für inklusive Führungen und Workshops:
Auf Anfrage

Kontakt:
kunstvermitlung@mdmsalzburg.at
www.museumdermoderne.at

Das Museum der Moderne Salzburg bespielt zwei Museumsgebäude an spektakulären Standorten, seit 1983 das Rupertinum im Herzen der Salzburger Altstadt und seit 2004 den großzügigen Neubau am Mönchsberg. Es sammelt, bewahrt, erforscht, zeigt und vermittelt die Kunst des 20. und 21. Jahrhunderts.

Eine Tafel zur Wirkung von Sprache mit Text und in Bildsprache

Barrierefreie Zugänglichkeit

Eingang: barrierefreier Haupteingang über Rampe

Im Gebäude: alle Ausstellungsräume, Garderobe, 2 Lifte, WC für Menschen mit Behinderungen, 220 GRAD Cafe mit WC-Lift, Shop

In Ausstellungen: Barrierefreier Boden, Sitzgelegenheiten, Leitsystem

Wie Inhalte vermittelt werden

multimedial: 360-Grad Rundgänge für ausgewählte Sprachen, Online-Kurzführungen, MuseumStars App

Sonstiges: Kostenlose Ausstellungsbooklets in zwei Sprachen, Interview-transkripte in zwei Sprachen

Inklusive Führungen und Angebote

Inklusive Führungen und Workshops:
„Türen öffnen“:
Führungen für Menschen mit Demenz und ihre Begleitpersonen

Sensorische Vermittlungshilfen: In ausgewählten Ausstellungen Tast- und Hörstationen

Das Wichtigste auf einen Blick

- ✓ Barrierefreier Eingang
- ✓ Ermäßigter Eintritt
- ✓ Barrierefreier Empfang
- ✓ Begleithunde erlaubt
- ✓ Barrierefreie WCs
- ✓ Spezialführungen/ Angebote

Nähere Infos auf www.museumsguide.at

Museum der Moderne Salzburg Mönchsberg

Mönchsberg 32,
5020 Salzburg

Di-So 10:00-18:00
Mi 10:00-20:00
während der Feiertage und Festspiele zusätzlich
Mo 10:00-18:00

frei für Menschen mit Behindertenausweis
frei für Assistenzperson

Preise für inklusive Führungen und Workshops:
Auf Anfrage

Kontakt:
kunstvermitlung@
mdmsalzburg.at
www.museumdermoderne.at

Das Museum der Moderne Salzburg bespielt zwei Museumsgebäude an spektakulären Standorten, seit 1983 das Rupertinum im Herzen der Salzburger Altstadt und seit 2004 den großzügigen Neubau am Mönchsberg.
Es sammelt, bewahrt, erforscht, zeigt und vermittelt die Kunst des 20. und 21. Jahrhunderts.

Barrierefreie Zugänglichkeit

Eingang: Barrierefreier Haupteingang mit Mönchsberg Aufzug zu erreichen

Im Gebäude: alle Ausstellungsräume, Garderobe, 1 Lift, WC für Menschen mit Behinderungen, Restaurant m32, Shop 1. Ebene

In Ausstellungen: Barrierefreier Boden, Bewegungsraum für Menschen im Rollstuhl, Sitzgelegenheiten, Rollstuhlverleih, Leitsystem

Wie Inhalte vermittelt werden

multimedial: 360-Grad Rundgänge für ausgewählte Sprachen, Online-Kurzführungen, MuseumStars App

Sonstiges: Kostenlose Ausstellungsbooklets in zwei Sprachen, Interviewtranskripte in zwei Sprachen

Inklusive Führungen und Angebote

Zielgruppenspezifische Führungen: Gemütliche Führungen für Senior:innen

Inklusive Führungen und Workshops:
„Türen öffnen“: Führungen für Menschen mit Demenz und ihre Begleitpersonen

Sensorische Vermittlungshilfen: In ausgewählten Ausstellungen Tast- und Hörstationen

Das Wichtigste auf einen Blick

- ✓ Barrierefreier Eingang
- ✓ Ermäßigter Eintritt
- ✓ Barrierefreier Empfang
- ✓ Begleithunde erlaubt
- ✓ Barrierefreie WCs
- ✓ Verleih von Rollator/Rollstuhl
- ✓ Spezialführungen/ Angebote

Nähere Infos auf www.museumsguide.at

Neue Residenz - Salzburg Museum

Mozartplatz 1,
5010 Salzburg

Di-So 9:00-17:00

frei für Menschen mit Behindertenausweis
frei für Assistenzperson

Preise für inklusive Führungen und Workshops: teilweise kostenlos, Preise auf Anfrage

Kontakt:
Nadja Al Masri-Gutternig
nadja.al-masri@salzburgmuseum.at
www.salzburgmuseum.at/neueresidenz

Das Salzburg Museum präsentiert mit seinen Sammlungen auf den rund 3.000m² Ausstellungsfläche die Kunst- und Kulturgeschichte von Stadt und Land

Salzburg. Modern, spannend, interaktiv, unterhaltsam und umfassend sind Schlagworte, die die kontinuierlich wechselnden Ausstellungen ebenso charakterisieren wie die Dauerausstellung. Das Museum bietet aber auch Begegnungsräume und lädt alle Menschen ein teilzuhaben.

Barrierefreie Zugänglichkeit

Eingang: Barrierefreier Eingang, Parkplätze für Menschen mit Beeinträchtigung vor dem Museum

Im Gebäude: Alle Ausstellungsbereiche sind barrierefrei zugänglich, barrierefreies WC, Garderobe, Café

In Ausstellungen:
Ausstellungsbereiche und Objekt-Präsentation sind barrierefrei, Ausstellungstexte in Leichter Sprache, taktiler Orientierungsplan und taktile Stationen im ersten Stock, taktile und visuelle Maskierungen der Stufen, Maskierungen von Glastüren, Sitzmöglichkeiten.

Wie Inhalte vermittelt werden

in Leichter Sprache:
Ausstellungstexte in Leichter Sprache in den Ausstellungen inkludiert

als Hörtexte: teilweise am Mediaguide vorhanden

in Gebärdensprache:
Gebärdensprachvideos teilweise in Ausstellung integriert, teilweise am Mediaguide abrufbar

in Brailleschrift:
Brailleschrift bei taktilen Stationen vorhanden

multimedial: Mediaguide mit barrierefreien Angeboten

Eine Tafel in Leichter Sprache und in Brailleschrift

Inklusive Führungen und Angebote

Zielgruppenspezifische Führungen:

- Für blinde- und sehbeeinträchtigte Menschen
- in Gebärdensprache
- in Einfacher Sprache
- für Menschen mit Demenz und deren Angehörige

Inklusive Führungen und Workshops auch jederzeit auf Anfrage möglich.

Inklusive Workshops: unterschiedliche Workshops für Menschen mit Beeinträchtigung

Sensorische Vermittlungshilfen: Taktile Stationen mit Tastmodellen und Texte in Brailleschrift im 1. Stock

Das Wichtigste auf einen Blick

- ✓ Barrierefreier Eingang
- ✓ Ermäßigter Eintritt
- ✓ Barrierefreier Empfang
- ✓ Begleithunde erlaubt
- ✓ Barrierefreie WCs
- ✓ Taktile Orientierungshilfen
- ✓ Verleih von Rollator/Rollstuhl
- ✓ Barrierefreie Website
- ✓ Spezialführungen/Angebote
- ✓ Induktive Höranlage

Nähere Infos auf www.museumsguide.at

Salzburger Freilichtmuseum

Hasenweg 1,
5084 Großgmain

Di-So 09:00-18:00
Juli & August
Mo-So 09:00-18:00

frei für Menschen mit Behindertenausweis
€ 10 für Assistenzperson

Kontakt:
Esther Bucher
salzburger@freilichtmuseum.com
www.freilichtmuseum.com

Im größten Museum des Salzburger Landes warten über 100 Originalbauten bäuerlicher Geschichte auf ihre Gäste. Ein über sieben Kilometer langes, gut gepflegtes Wegenetz führt durch das weitläufige Gelände, das auch mit der Museumsbahn entdeckt werden kann. Weitere Highlights: (interaktive) Dauerausstellungen, Erlebnisspielplatz, Naturkneippanlage, historisches Museumsgasthaus mit Gastgarten.

Barrierefreie Zugänglichkeit

Eingang: Vom asphaltierten Parkplatz führt ein leicht ansteigender fein geschotterter Weg zum Eingangsgebäude des Salzburger Freilichtmuseums. Dieser Weg ist mit Rollstühlen und anderen Gehhilfen gut befahrbar.

Im Gebäude: Induktionsschleife am Empfang/Kasse, barrierefreier Zugang bei der Museumsbahn (immer im letzten Waggon), Rampen an einzelnen Häusern (werden immer mehr), barrierefreie Toilettenanlagen, unterfahrbare Tische bei den Jausenplätzen

Wie Inhalte vermittelt werden

in Leichter Sprache: Informationen auf der Homepage

Inklusive Führungen und Angebote

Sensorische Vermittlungshilfen: Haus der Geräusche

Das Wichtigste auf einen Blick

- ✓ Barrierefreier Eingang
- ✓ Ermäßigter Eintritt
- ✓ Barrierefreier Empfang
- ✓ Begleithunde erlaubt
- ✓ Barrierefreie WCs
- ✓ Verleih von Rollator/Rollstuhl
- ✓ Induktive Höranlage

Nähere Infos auf www.museumsguide.at

Stille Nacht Museum Hallein

Gruberplatz 1,
5400 Hallein

Mo-So
9:00-17:00

frei für Menschen mit Behindertenausweis
frei für Assistenzperson

Kontakt:
Barbara Tober
b.tober@keltenmuseum.at
www.keltenmuseum.at/stillenachtmuseum/

In wunderschöner, neuer Atmosphäre wird das Schaffen und Wirken des Komponisten des Liedes Franz Xaver Gruber präsentiert. Das barrierefreie Museum befindet sich im ehemaligen Mesner- und Chorregentenhaus, wo Franz Xaver Gruber 28 Jahre lang gelebt und gearbeitet hat. Im Mittelpunkt steht auch die Entstehungs- und Verbreitungsgeschichte von „Stille Nacht! Heilige Nacht!".

Barrierefreie Zugänglichkeit

Eingang: Barrierefreier Eingang

Im Gebäude: Lift, Barrierefreie WCs, alle Ausstellungsebenen sind mit einem Lift barrierefrei zugänglich

In Ausstellungen: Für Gehörlose steht ein Guide (Tablet) in Gebärdensprache bei der Kassa kostenlos zur Verfügung.

Wie Inhalte vermittelt werden

in Leichter Sprache: Texte in Leichter Sprache sind im gesamten Museum zugänglich

in Gebärdensprache: Ein Videoclip auf der Homepage steht in Gebärdensprache zur Verfügung.

in Brailleschrift: Ein Abguss der Büste von Hans Baier ermöglicht eine haptische Begegnung. Für blinde und sehbehinderte Menschen wurden Fotografien von Franz Xaver Gruber als Tastbilder gestaltet und mit einer Beschriftung in Brailleschrift ergänzt.

multimedial: Kurzclips, Videos, Audiostationen

Inklusive Führungen und Angebote

Zielgruppenspezifische Führungen:

- Führungen in Gebärdensprache
- für blinde und sehbehinderte Menschen
- in Leichter Sprache
- für Menschen mit Demenz

nach Verfügbarkeit buchbar

Das Wichtigste auf einen Blick

- ✓ Barrierefreier Eingang
- ✓ Ermäßigter Eintritt
- ✓ Barrierefreier Empfang
- ✓ Begleithunde erlaubt
- ✓ Barrierefreie WCs
- ✓ Taktile Orientierungshilfen
- ✓ Barrierefreie Website
- ✓ Spezialführungen/ Angebote
- ✓ Induktive Höranlage

Nähere Infos auf www.museumsguide.at

Stille Nacht Museum im Pflegerschlössl

📍 Museumsgasse 3,
5602 Wagrain

Di, Do, Fr
10:00-17:00

frei für Menschen mit Behindertenausweis
frei für Assistenzperson

Kontakt:
kulturverein@
wagrain.salzburg.at
www.stillenacht-wagrain.at

Das Stille-Nacht-Museum widmet sich nicht nur dem Leben und Wirken des Dichters Joseph Mohr (1792-1848), der die letzten elf Jahre seines Lebens als Vikar in Wagrain verbrachte, sondern auch der globalen Verbreitung und Wirkung des Liedes. Beheimatet ist das Museum im Pflegerschlössl, welches 1794 für den höchsten erzbischöflichen Verwalter errichtet wurde, politische wie soziale Umbrüche durchstand,

Verwaltungs- und Gerichtsgebäude war, dann Schule, Glockengießerei, Schmiede, Wohnhaus und schlussendlich zum Museum wurde.

Barrierefreie Zugänglichkeit

Eingang: Barrierefreier Zugang über Lift im Eingangsbereich

Im Gebäude: Alle Stockwerke über Lift erreichbar, barrierefreies WC

Wie Inhalte vermittelt werden

als Hörtexte: Audioguide kostenlos für Smartphone

multimedial: Diverse Hörstationen

Das Wichtigste auf einen Blick

- ✓ Barrierefreier Eingang
- ✓ Ermäßigter Eintritt
- ✓ Begleithunde erlaubt
- ✓ Barrierefreie WCs

Nähere Infos auf www.museumsguide.at

Torf Glas Ziegel Museum Bürmoos

Ignaz Glaser Straße 50,
5111 Bürmoos

Mi & So 13:00-17:00

frei für Menschen mit Behindertenausweis
€ 3 für Assistenzperson

Preise für inklusive Führungen und Workshops: € 10

Kontakt:
Jutta Ramböck
museum@tgz-museum.at
www.tgz-museum.at

Die Geschichte der Torf-, Glas- und Ziegelindustrie, die zur Gründung des Ortes führte, bildet den Schwerpunkt des Museums. Die Besucher können multimedial die Geheimnisse um das Moor, den Torfabbau sowie die Ziegel- und Glaserzeugung erforschen. So erhalten Besucher:innen einen Einblick in die bewegte Geschichte der jüngsten Gemeinde des Bundeslandes Salzburg.

Barrierefreie Zugänglichkeit

Eingang: barrierefrei

Im Gebäude: Ausstellungsraum, WCs

In Ausstellungen: mobile Sitzmöglichkeiten

Wie Inhalte vermittelt werden

als Hörtexte: Hörstationen für blinde und sehbeeinträchtigte BesucherInnen

multimedial: Video- und Audio-Stationen, MuseumsApp

Sonstiges: Museumsführer für Kinder von 7 bis 14 Jahren

Inklusive Führungen und Angebote

Zielgruppenspezifische Führungen: Für Blinde, Sehbeeinträchtigte und sonstige Beeinträchtigte (nur mit Voranmeldung), Gruppengröße max. 15 Personen, Dauer 1,5 Stunden

Sensorische Vermittlungshilfen: Ausgewählte Tastobjekte und Hörstationen stehen zur Verfügung

Das Wichtigste auf einen Blick

- ✓ Barrierefreier Eingang
- ✓ Ermäßigter Eintritt
- ✓ Barrierefreier Empfang
- ✓ Begleithunde erlaubt
- ✓ Barrierefreie WCs
- ✓ Spezialführungen/Angebote

Nähere Infos auf www.museumsguide.at

„Egal, was für eine Behinderung oder keine Behinderung Menschen haben, ich glaube es ist wichtig, dass man sie zusammenbringt. Dass man sie nicht separiert. Dass man für alle etwas anbietet.“

Patrick Marx,
Kunstvermittler in Berlin, taub

Tirol

Alpinarium Galtür

Hauptstrasse 29c,
6563 Galtür

Di-So 10:00-18:00

€ 6 für Menschen mit Behindertenausweis
frei für Assistenzperson

Preise für inklusive Führungen und Workshops: € 3

Kontakt:
info@alpinarium.at
www.alpinarium.at

Das Alpinarium Galtür ist ein Ausstellungshaus der besonderen Art und ein zentraler Bestandteil einer 345 Meter langen und 19 Meter hohen Lawinenschutzmauer. Die Besucher erfahren Wissenswertes zum Leben im hochalpinen Raum und die Erfahrung und den Umgang dieser Bewohner mit Naturgefahren. Die Erinnerung an das Lawinenereignis von 1999 wird in einem Gedenkraum und einer Filmdokumentation bewußt lebendig gehalten.

Barrierefreie Zugänglichkeit

Eingang: barrierefreier Zugang über eine normgerechte Rampe

Im Gebäude: Personenlift, Behinderten WCs in jedem Stockwerk, Garderobe behindertengerecht ausgeführt

In Ausstellungen: Die gesamte Ausstellung ist mit Rollstuhl befahrbar, zwei Rollstühle werden zur Verfügung gestellt. Auf Wunsch kann von Mitarbeiter:innen des Hauses durch die Ausstellung begleitet werden.

Das Wichtigste auf einen Blick

- ✓ Barrierefreier Eingang
- ✓ Ermäßigter Eintritt
- ✓ Barrierefreier Empfang
- ✓ Begleithunde erlaubt
- ✓ Barrierefreie WCs
- ✓ Taktile Orientierungshilfen
- ✓ Verleih von Rollator/Rollstuhl
- ✓ Spezialführungen/Angebote

Nähere Infos auf www.museumsguide.at

Augustinermuseum Rattenberg

Klostergasse 95,
6240 Rattenberg

1. Mai-26. Oktober
Mo-So 10:00-18:00

frei für Menschen mit Behindertenausweis
frei für Assistenzperson
Sonstige Ermäßigungen: Gästekarten, Parkscheine

Preise für inklusive Führungen und Workshops: € 9

Kontakt:
info@augustinermuseum.at
www.augustinermuseum.at

Das Augustinermusem Rattenberg ist in einem ehemaligen Kloster untergebracht, dessen Ursprünge auf das 14. Jahrhundert zurückgehen. Die Exponate stammen vorwiegend aus den Pfarren des Tiroler Unterlandes und geben einen umfassenden Einblick über Kunst, Geschichte und Kultur der

Region. Schwerpunkte sind die Zeiten der Gotik, des Barocks sowie das Prozessions- und Bruderschaftswesen.

Barrierefreie Zugänglichkeit

Im Gebäude: Wenige Stufen zum Kreuzgang, zur Klosterkirche; 1. Stock und darüberliegende Etagen nur über Stufen zu erreichen

Wie Inhalte vermittelt werden

in Leichter Sprache: Raumtexte

als Hörtexte: QR-Code

multimedial: QR-Code über Museumsapp

Das Wichtigste auf einen Blick

- ✓ Barrierefreier Eingang
- ✓ Barrierefreier Empfang
- ✓ Spezialführungen/ Angebote

Nähere Infos auf www.museumsguide.at

Heimatmuseum in der Widumspfiste

Lindenweg 2, 6263 Fügen

Di-Fr 14:00-17:00

frei für Menschen mit Behindertenausweis
€ 5 für Assistenzperson

Preise für inklusive Führungen und Workshops: € 6

Kontakt:
Günther Klaus
info@hmv-fuegen.at
hmv-fuegen.at

Das Museum ist ein Spartenmuseum mit dem Schwerpunkt Verbreitung des Liedes „Stille Nacht" in Verbindung mit den Zillertaler Nationalsängern. Weitere Highlights sind die interaktive Mineralienschau und die Dokumentation der alten Handwerke. Auch die örtlichen Vereine werden vorgestellt. Ein Raum ist dem Tux-Zillertal-Rind gewidmet. Der Eisenbergbau von Fügen wird in einer eigenen Abteilung anschaulich dargestellt.

Barrierefreie Zugänglichkeit

Eingang: Barrierefreier Seiteneingang

Im Gebäude: Treppenlift vorhanden

In Ausstellungen: Leitsystem vorhanden

Wie Inhalte vermittelt werden

in Leichter Sprache: Erklärungen über QR Code

als Hörtexte: Hörtexte in Leichter Sprache

multimedial: Touchscreen und Videowall vorhanden

Inklusive Führungen und Angebote

Sensorische Vermittlungshilfen: Hörstationen

Das Wichtigste auf einen Blick

- ✓ Barrierefreier Eingang
- ✓ Ermäßigter Eintritt
- ✓ Barrierefreier Empfang
- ✓ Begleithunde erlaubt
- ✓ Barrierefreie WCs
- ✓ Taktile Orientierungshilfen
- ✓ Verleih von Rollator/Rollstuhl
- ✓ Barrierefreie Website

Nähere Infos auf www.museumsguide.at

Heimatmuseum Ötztal

Lehn 24, 6444 Längenfeld

Juni-September
Mo-Fr 10:00-12:00
und 14:00-17:00
So 14:00-16:00

frei für Menschen mit Behindertenausweis
frei für Assistenzperson

Kontakt:
Edith Hessenberger
info@oetztalermuseen.at
www.oetztalermuseen.at

Im Heimat- und Freilichtmuseum sind überwiegend Alltags- und Gebrauchsgegenstände sowie historische Arbeits- und Handwerksgeräte zu sehen. Im Museumsgarten werden ehemals wichtige Pflanzen kultiviert, wie zum Beispiel der Ötztaler Flachs, dessen Vertrieb bis ins 19. Jahrhundert den wichtigsten Zuerwerb vieler Ötztaler Bauernfamilien darstellte. Das Museumsgelände umfasst rund

16 historische Gebäude. Sie vermitteln den Besucher:innen das einfache bäuerliche Alltagsleben sowie ausgeklügelte Arbeitsprozesse rund um die Produktion von Wolle, Leinen, Brot, Butter, etc.

Barrierefreie Zugänglichkeit

Eingang: Über eine Rampe ist das Erdgeschoß des Heimatmuseums barrierearm erreichbar.

Im Gebäude: Im Erdgeschoss gibt ein Film einen Überblick über das gesamte Museumsareal, das nicht barrierefrei zugänglich ist.

Wie Inhalte vermittelt werden

als Hörtexte: Das Museum ist mit der Hearonymus-App besuchbar

in Gebärdensprache: in Arbeit

multimedial: Es gibt mehrere Medienstationen und eine Führung via Hearonymus.

Inklusive Führungen und Angebote

Zielgruppenspezifische Führungen: in Arbeit

Das Wichtigste auf einen Blick

- ✓ Barrierefreier Eingang
- ✓ Ermäßigter Eintritt
- ✓ Begleithunde erlaubt

Nähere Infos auf www.museumsguide.at

Hofkirche Innsbruck

Universitätsstraße 2,
6020 Innsbruck

Mo-Sa 9:00-17:00
So 12:30-17:00

frei für Menschen mit Behindertenausweis
frei für Assistenzperson

Kontakt:
Charisse Santos
c.santos@tiroler-landesmuseen.at
www.tiroler-landesmuseen.at

Mit dem beeindruckenden Grabmal Kaiser Maximilians, den Schwarzen Mandern, der Ebert-Orgel und der Silbernen Kapelle ist die Hofkirche eines der bedeutendsten Denkmäler in Tirol. Auch wenn Kaiser Maximilian hier nicht begraben ist, sein Enkel Ferdinand I. verwirklichte kunstvoll Maximilians Wunsch für sein „ewiges Gedachtnus". Neben dem Grabmal ist die mehr als 450 Jahre alte Orgel, deren kunstvoll gestaltete Flügeltüren bei Konzerten geöffnet werden, eine Besonderheit der Hofkirche.

Barrierefreie Zugänglichkeit

Eingang: barrierearmer Haupteingang über Tiroler Volkskunstmuseum in der Universitätsstraße 2, Rampe über Hauptportal

Im Gebäude: barrierearmes WC im Eingangsbereich Volkskunstmuseum, Garderobe

In Ausstellungen: taktiles Leitsystem, taktiler Übersichtsplan

Wie Inhalte vermittelt werden

in Leichter Sprache: Ausstellungstext in einfacher Sprache

als Hörtexte: Audioführung (App)

in Brailleschrift: taktiler Orientierungsplan

multimedial: App

Das Wichtigste auf einen Blick

- ✓ Barrierefreier Eingang
- ✓ Ermäßigter Eintritt
- ✓ Barrierefreier Empfang
- ✓ Begleithunde erlaubt
- ✓ Barrierefreie WCs
- ✓ Taktile Orientierungshilfen
- ✓ Verleih von Rollator/Rollstuhl
- ✓ Barrierefreie Website
- ✓ Spezialführungen/Angebote

Nähere Infos auf www.museumsguide.at

Jenbacher Museum

Achenseestraße 21,
6200 Jenbach

Mo, Do, Fr Sa 14:00-17:00

€ 4 für Menschen mit Behindertenausweis
€ 4 für Assistenzperson

Preise für inklusive Führungen und Workshops: € 4 pro Person und € 20 für Gruppen

Kontakt:
Erika Felkel
info@jenbachermuseum.at
www.jenbachermuseum.at

Das Museum zeigt auf 700m² Ausstellungsfläche Jenbachs Geschichte mit der Sensenindustrie, drei Eisenbahnen mit drei verschiedenen Spurweiten, Modelleisenbahn, Berg- und Hüttenwesen, Südtiroler in Jenbach, Schmetterlingen, Vögeln und Vogeleiern, Schnecken und Muscheln, Pilzen sowie Alpin- und Wintersport.

Barrierefreie Zugänglichkeit

Eingang: vom Parkplatz führt ein gepflasterter Weg zum Museumseingang mit rollstuhlgerechtem Eingang

Im Gebäude: Lift, Ein- und Durchgänge mit Schwellen, Behinderten-WC am Parkplatz

In Ausstellungen: Boden durchgehend befahrbar, Sitzmöglichleiten in jedem Raum. Vitrinen nicht unterfahrbar.

Wie Inhalte vermittelt werden

in Leichter Sprache: Texte in Leichter, großer Schrift, zu langen Texten auch Kurztexte

als Hörtexte: Audioguide auf Deutsch, Englisch und Italienisch

multimedial: Fernsehgeräte, Mediencenter mit Interviews zum Hören mit Kopfhörern

Inklusive Führungen und Angebote

Zielgruppenspezifische Führungen: nach Anmeldung, ohne eigene:n Dolmetscher:in

Das Wichtigste auf einen Blick

- ✓ Barrierefreier Eingang
- ✓ Ermäßigter Eintritt
- ✓ Barrierefreier Empfang
- ✓ Begleithunde erlaubt
- ✓ Barrierefreie WCs
- ✓ Spezialführungen/ Angebote
- ✓ Induktive Höranlage

Nähere Infos auf www.museumsguide.at

Knappenwelt Gurgltal und die Heilerin vom Gurgltal

Tschirgant 1, 6464 Tarrenz

Mi-So
10:00-17:00

€ 5 für Menschen mit Behindertenausweis
€ 5 für Assistenzperson
für Rollstuhlfahrer:innen gratis

Kontakt:
office@knappenwelt.at
knappenwelt.at

Der Bergbau prägte jahrhundertelang das gesamte Gurgltal. Die Arbeit unter Tage war nicht ungefährlich, sicherte aber vielen Familien die Lebensgrundlage. In der Knappenwelt Gurgltal kann man in die faszinierende Welt des heimischen Bergbaus und das harte Dasein der Knappen eintauchen. Verschiedene Gebäude veranschaulichen den Bergbau, die diversen Arbeitsfelder und das gesellschaftliche Leben anno dazumal. Ein weiteres Highlight ist das Museum der Heilerin. Dieses befasst sich mit einem außergewöhnlichen Fund aus dem Jahr 2008. Dazumal wurde im Strader Wald eine Frau mit über 181 Beigaben entdeckt - um eine einfache Frau dürfte es sich nicht gehandelt haben.

Barrierefreie Zugänglichkeit

Im Gebäude: Rollstuhlgerechte Toilette ist vorhanden.

In Ausstellungen: Die Ausstellung der Heilerin vom Gurgltal ist komplett barrierefrei.

Das Wichtigste auf einen Blick

- ✓ Barrierefreier Eingang
- ✓ Ermäßigter Eintritt
- ✓ Barrierefreier Empfang
- ✓ Begleithunde erlaubt
- ✓ Barrierefreie WCs

Nähere Infos auf www.museumsguide.at

Museum der Völker

St. Martin 16, 6130 Schwaz

Do-So 10:00-17:00
und auf Anfrage

€ 5 für Menschen mit
Behindertenausweis
frei für Assistenzperson

Preise für inklusive
Führungen und
Workshops:
€ 3,50 bis € 5,50

Kontakt:
Mag.a. Lisa Noggler-Gürtler
info@museumdervoelker.com
www.museumdervoelker.com

Im Museum der Völker werden anhand kultureller Artefakte aus Afrika, Südostasien und Mitteleuropa Fragen zu Identität, Rollenbildern, zu Lebensentwürfen und Spiritualität gestellt.
Das Museum bietet einen Reflexionsraum, um über verschiedene Standpunkte nachzudenken und in Dialog zu treten. Viele Stimmen kommen zu Wort. Grundlage dafür ist die Erforschung der jeweiligen Objektgeschichten.

Barrierefreie Zugänglichkeit

Eingang: Lift

Im Gebäude: Rampen, Treppenlift und Gebäudelift, WCs ebenso barrierefrei wie gesamtes Haus

In Ausstellungen: Farbgestaltung, Sitzmöglichkeiten, personelle Vermittlung für verschiedene Bedürfnisse

Wie Inhalte vermittelt werden

als Hörtexte: Hörtexte teilweise vorhanden

multimedial: Medienstationen teils mit Untertitel

Inklusive Führungen und Angebote

Zielgruppenspezifische Führungen: jederzeit buchbar
- für Seh- oder Hörbeeinträchtigungen
- für Rollstuhlfahrer:innen
- und in Leichter Sprache

Inklusive Führungen und Workshops: Workshops ebenso individuell und für besondere Bedürfnisse angepasst

Sensorische Vermittlungshilfen: Hörstationen, vereinzelt Tastelemente

Das Wichtigste auf einen Blick

- ✓ Barrierefreier Eingang
- ✓ Ermäßigter Eintritt
- ✓ Barrierefreier Empfang
- ✓ Begleithunde erlaubt
- ✓ Barrierefreie WCs
- ✓ Spezialführungen/ Angebote

Nähere Infos auf www.museumsguide.at

Museum im Zeughaus

Zeughausgasse 1,
6020 Innsbruck

Di-So 09:00-17:00

frei für Menschen mit Behindertenausweis
frei für Assistenzperson

Kontakt:
zeughaus@tiroler-landesmuseen.at
www.tiroler-landesmuseen.at

Als spätmittelalterliches Waffenarsenal von Kaiser Maximilian gebaut, beherbergt das Zeughaus heute ein Museum der Kulturgeschichte Tirols. Mit prähistorischen Funden beginnt der Rundgang durch die historischen Epochen und führt über wirtschaftliche Blütezeiten sowie religiöse und politische Konflikte bis in die Gegenwart.

Barrierefreie Zugänglichkeit

Eingang: Das Zeughaus ist barrierearm über den Haupteingang in der Zeughausgasse erreichbar. Der Innenhof des Zeughauses ist wegen der Kiesaufschüttung mit dem Rollstuhl nur erschwert befahrbar.

Im Gebäude: Toiletten und Lift sind barrierefrei zugänglich.

In Ausstellungen:
Ausstellungsräume sind barrierfrei zugänglich

Das Wichtigste auf einen Blick

- ✓ Barrierefreier Eingang
- ✓ Barrierefreier Empfang
- ✓ Begleithunde erlaubt
- ✓ Barrierefreie WCs
- ✓ Barrierefreie Website
- ✓ Spezialführungen/ Angebote

Nähere Infos auf www.museumsguide.at

Museum Rablhaus

Kirchgasse 17,
6133 Weerberg

Do-So 14:00-17:00

frei für Menschen mit Behindertenausweis
frei für Assistenzperson

Kontakt:
Dr. Andrea Aschauer
info@rablhaus.at
www.rablhaus.at

Das Museum Rablhaus widmet sich als einziges Museum im gesamten Alpenraum ausschließlich dem Thema Alltagsreligion, verankert zwischen Glaube und Aberglaube. Dabei werden überirdische Vorstellungen und Praktiken als alltägliche Lebenshilfe im Spiegel der Zeit von der Vergangenheit bis in die Gegenwart beleuchtet. Ob Iltispenis gestern oder Maskottchen heute – irrationale Schutz- und Hilfsmittel gehören seit jeher zum Leben der Menschen.

Barrierefreie Zugänglichkeit

Eingang: kurzer Fußweg zum Museum

Im Gebäude: keine

In Ausstellungen: denkmalgeschütztes Gebäude, daher eingeschränkte Barrierefreiheit, Sitzbereiche in jedem Raum vorhanden, seit 2021 mit mobilen Ausstellungselementen unterwegs, um mehr Barrierefreiheit zu bieten (Mobiles Museum Rablhaus)

Inklusive Führungen und Angebote

Zielgruppenspezifische Führungen: Führungen für Menschen mit Demenzerkrankung und mit besonderen Bedürfnissen

Sensorische Vermittlungshilfen: Tastobjekte, besondere Raumwahrnehmung

Das Wichtigste auf einen Blick

- ✓ Ermäßigter Eintritt
- ✓ Begleithunde erlaubt
- ✓ (teilweise) Taktile Orientierungshilfen
- ✓ Barrierefreie Website
- ✓ Spezialführungen/Angebote

Nähere Infos auf www.museumsguide.at

Schloss Ambras Innsbruck

Schlossstraße 20, 6020 Innsbruck

Mo-So 10:00–17:00
November geschlossen

€ 12 für Menschen mit Behindertenausweis
€ 12 für Assistenzperson

Preise für inklusive Führungen und Workshops: € 90 und € 120

Kontakt:
kunstvermittlung@schlossambras-innsbruck.at
www.schlossambras-innsbruck.at

Als schönste Sehenswürdigkeit Österreichs und als erstes Museum der Welt ist das Schloss prägend für das kulturelle Erbe Europas. Der Tiroler Landesfürst Erzherzog Ferdinand II. ließ die mittelalterliche Burg Ambras als Geschenk an seine Frau Philippine Welser zum prachtvollen Renaissanceschloss ausbauen.

Barrierefreie Zugänglichkeit

Eingang: Behindertenparkplatz in Nähe zum Eingangsportal

Im Gebäude: WC im Unterschloss, Lifte, Leih-Rollstuhl.

- Im Unterschloss: Rüstkammern, Kunst- und Wunderkammer, Antiquarium, Kleine Rüstkammer.
- Im Hochschloss: Innenhof, St. Nikolauskapelle, Bad der Philippine Welser, Café & Bistro. Lifteinbau in Planung.

Mit Juli 2024 sollen alle Räumlichkeiten barrierefrei zugänglich sein; Ausnahme Sammlung gotischer Skulpturen.

In Ausstellungen:
Holz- oder Steinböden, unterfahrbare Vitrinen, Markierung von Glastüren, punktuell Sitzmöglichkeiten

Nähere Infos auf www.museumsguide.at

Inklusive Führungen und Angebote

Zielgruppenspezifische Führungen:

- Führungen für Menschen mit kognitiven Beeinträchtigungen
- Führungen für Menschen im Rollstuhl
- Führungen für Menschen mit Sehbehinderungen

Das Wichtigste auf einen Blick

- ✓ Barrierefreier Eingang
- ✓ Ermäßigter Eintritt
- ✓ Barrierefreier Empfang
- ✓ Begleithunde erlaubt
- ✓ Barrierefreie WCs
- ✓ Verleih von Rollator/Rollstuhl
- ✓ Spezialführungen/Angebote

Stadtarchiv/Stadtmuseum Innsbruck

Badgasse 2,
6020 Innsbruck

Mo-Fr 09:00-17:00

frei für Menschen mit Behindertenausweis
frei für Assistenzperson

Preise für inklusive Führungen und Workshops € 2

Kontakt:
post.stadtarchiv@innsbruck.gv.at
www.innsbruck.gv.at

Das Stadtmuseum Innsbruck eröffnet in seinen Sonderausstellungen vielfältige Zugänge zur Innsbrucker Stadtgeschichte. Das facettenreiche Leben in einer Stadt zu verschiedenen Zeiten wird anhand der Bestände des Stadtarchivs authentisch vermittelt. Die enge Verbindung von Museum und Archiv ist eine Stärke dieses Hauses.

Barrierefreie Zugänglichkeit

Eingang: Barrierefreier Eingang über Herzog-Friedrich-Straße 3 mit Aufzug in das Stadtmuseum, ebenso ins Stadtarchiv im 1. Stock

Im Gebäude: Lift vorhanden, barrierefreies WC, Garderoben barrierefrei erreichbar

In Ausstellungen: Laminat-Boden, Glastüren am Eingang zur Badgasse sind mit Logo und Schriftzug versehen, Stühle sind am Eingang der Ausstellung bereitgestellt.

Wie Inhalte vermittelt werden

multimedial: Audiostation - variiert je nach aktueller Ausstellung

Das Wichtigste auf einen Blick

- ✓ Barrierefreier Eingang
- ✓ Ermäßigter Eintritt
- ✓ Barrierefreier Empfang
- ✓ Begleithunde erlaubt
- ✓ Barrierefreie WCs
- ✓ Spezialführungen/Angebote

Nähere Infos auf www.museumsguide.at

Tirol Panorama mit Kaiserjägermuseum

Bergisel 1-2,
6020 Innsbruck

Mi-Mo 9:00-17:00

frei für Menschen mit Behindertenausweis
frei für Assistenzperson

Kontakt:
Dr. Sonia Buchroithner
besucherservice@tiroler-landesmuseen.at
www.tiroler-landesmuseen.at

Der atemberaubende Rundumblick auf die dritte Schlacht am Bergisel von 1809 erlaubt, den Landschaftswandel von zwei Jahrhunderten auf mehr als 1.000m² Leinwand zu erleben. Der „Schauplatz Tirol" erzählt Geschichten über Tirol, unterirdisch ist das TIROL PANORAMA mit dem Kaiserjägermuseum verbunden.

Barrierefreie Zugänglichkeit

Eingang und Gebäude:
Lifte, WCs, Garderoben

In Ausstellungen:
taktile Markierungen, zum Teil unterfahrbare Vitrinen, Markierung von Glastüren

Wie Inhalte vermittelt werden

in Leichter Sprache:
Führungen in Leichter Sprache möglich

als Hörtexte: Museums-App

in Gebärdensprache:
Gebärdensprachen-Guide zum Ausborgen

multimedial: Museums-APP

Sonstiges:
Objektbeschreibungen im Ausstellungsraum in großer Schrift

Das Wichtigste auf einen Blick

- ✓ Barrierefreier Eingang
- ✓ Ermäßigter Eintritt
- ✓ Barrierefreier Empfang
- ✓ Begleithunde erlaubt
- ✓ Barrierefreie WCs
- ✓ Verleih von Rollator/Rollstuhl
- ✓ Spezialführungen/Angebote

Nähere Infos auf www.museumsguide.at

Tiroler Landesmuseum Ferdinandeum

Museumstraße 15,
6020 Innsbruck

Di-So 10:00-18:00

frei für Menschen mit Behindertenausweis
frei für Assistenzperson

Preise für inklusive Führungen und Workshops: Führungspauschale € 2 für Menschen mit Behindertenausweis und Begleitpersonen

Kontakt:
sekretariat@tiroler-landesmuseen.at
www.tiroler-landesmuseen.at

Eine künstlerische Zeitreise durch 30.000 Jahre bietet das Tiroler Landesmuseum Ferdinandeum. Von der Steinzeit- bis in die Gegenwartskunst erleben die Besucher:innen auf fünf Stockwerken viele herausragende Objekte. Rembrandt und Brueghel repräsentieren unter anderem die Meisterwerke niederländischer Malerei. Die Artuqidenschale aus dem Vorderen Orient steht für die umfangreiche Mittelaltersammlung.

Barrierefreie Zugänglichkeit

Eingang: über die Professor-Franz-Mair-Gasse barrierearm zugänglich. Dort zeigt Ihnen der Portier gerne den Weg. Parkmöglichkeiten für Personen mit Behindertenausweis in der Professor-Franz-Mair-Gasse.

Im Gebäude: Toiletten und Lift sind barrierefrei zugänglich.

In Ausstellungen: Bewegungsraum für Rollstuhlfahrer:innen, Sitzmöglichkeiten, teilweise unterfahrbare Vitrinen und teilweise barrierearme Gestaltung

Wie Inhalte vermittelt werden

multimedial: Teilweise barrierefreie Webseite der Tiroler Landesmuseen

Inklusive Führungen und Angebote

Zielgruppenspezifische Führungen:
in unregelmäßigen Abständen, Anmeldung erforderlich
- Führung für GEHÖRLOSE UND HÖRENDE

Inklusive Workshops:
in unregelmäßigen Abständen, Anmeldung erforderlich
- für Menschen mit Demenzerkrankung: MITSINNEN. SOZIALE & KULTURELLE TEILHABE FÜR MENSCHEN MIT DEMENZ

- Führung für blinde, sehbehinderte und sehende Menschen: „FEIN – GEFÜHLT“. OHNE HANDSCHUHE KUNSTGEWERBLICHE OBJEKTE ERSPÜREN

Sensorische Vermittlungshilfen: Mobile Mitmach-Station begleitend zu einzelnen Ausstellungen

Das Wichtigste auf einen Blick

- ✓ Barrierefreier Eingang
- ✓ Ermäßigter Eintritt
- ✓ Barrierefreier Empfang
- ✓ Begleithunde erlaubt
- ✓ Barrierefreie WCs
- ✓ Verleih von Rollator/Rollstuhl
- ✓ Barrierefreie Website
- ✓ Spezialführungen/Angebote
- ✓ Induktive Höranlage

Nähere Infos auf www.museumsguide.at

Tiroler Volkskunstmuseum

Universitätsstraße 2,
6020 Innsbruck

Mo-So 9:00-17:00

frei für Menschen mit Behindertenausweis
frei für Assistenzperson

Kontakt
Charisse Santos
c.santos@tiroler-landesmuseen.at
www.tiroler-landesmuseen.at

Das Tiroler Volkskunstmuseum ist ein kulturwissenschaftliches Museum mit einer umfangreichen Sammlung aus der Europaregion Tirol-Südtirol-Trentino. Die Dauerausstellung thematisiert vormoderne Gedankenwelten und historische Lebenswirklichkeiten. Wechselnde Sonderausstellungen widmen sich Aspekten des Zusammenlebens in einer sich stets wandelnden Gesellschaft.

Barrierefreie Zugänglichkeit

Eingang: barrierearmer Haupteingang, Universitätsstraße 2

Im Gebäude: Lift, barrierearmes WC, Garderobe, alle Ausstellungsbereiche stufenlos zugänglich

In Ausstellungen:
taktiles Leitsystem, taktile Grundrisstafeln, Blindenleitsystem für einzelne Ausstellungsbereiche im 1. Obergeschoss, Objektbeschriftung, Sitzmöglichkeiten, transportable Klappstühle

Wie Inhalte vermittelt werden

in Leichter Sprache:
Ausstellungstexte in einfacher Sprache

als Hörtexte:
Audioführungen (App)

in Brailleschrift:
taktiler Orientierungsplan, taktile Beschriftung der Stuben im 1. Obergeschoss

multimedial: App

Sonstiges:
Objektbeschriftungen in großer Schrift

Inklusive Führungen und Angebote

Zielgruppenspezifische Führungen: auf Anfrage

- Führung für blinde, sehbehinderte und sehende Menschen („Feingefühlt“)

- Führungen für Gehörlose und Hörende

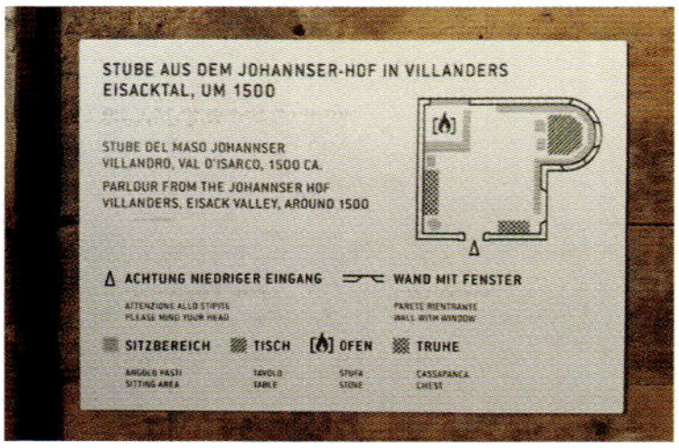

Das ist eine taktile Grundrisstafel

Das Wichtigste auf einen Blick

- Barrierefreier Eingang
- Ermäßigter Eintritt
- Barrierefreier Empfang
- Begleithunde erlaubt
- Barrierefreie WCs
- Taktile Orientierungshilfen
- Verleih von Rollator/Rollstuhl
- Barrierefreie Website
- Spezialführungen/Angebote

Nähere Infos auf www.museumsguide.at

„Kunst und Kultur für alle zugänglich und erlebbar zu machen ist auf dem Weg zu einer inklusiven Gesellschaft eine zentrale Zielsetzung für Museen.“

Bettina Leidl
ICOM Vize-Präsidentin
Direktorin Museumsquartier Wien

Vorarl berg

Frauenmuseum Hittisau

Platz 501, 6952 Hittisau

Di-So 10:00-17:00
montags 18:00
öffentliche Führung

€ 8,50 für Menschen mit Behindertenausweis
frei für Assistenzperson

Preise für inklusive Führungen und Workshops: € 12

Kontakt:
Lydia Hagspiel
fuehrungen@frauenmuseum.at
www.frauenmuseum.at

Museen sind nicht nur Aufbewahrungsorte für Geschichte und Kunst. Sie sind auch Orte für deren Deutung. Das FMH behandelt Themen, die die Geschichte und das Kulturschaffen von Frauen* in unterschiedlichen Kulturen und Epochen betreffen. Mit einem kritischen

Blick auf Gegenwart und Vergangenheit erweitert es historische Erzählungen um jene Aspekte, die lange Zeit nicht oder nur unwesentlich erforscht wurden.

Barrierefreie Zugänglichkeit

Eingang: Behindertenparkplatz, rollstuhlgeeignete Rampe zum Gebäude

Im Gebäude: Lift, Behinderten-WCs

In Ausstellungen: Gut lesbare, kontrastreiche Beschriftungen, einfache Sprache, niedrige Vitrinen, Museumshocker, auf Wunsch persönliche Einführung und Begleitung

Wie Inhalte vermittelt werden

in Leichter Sprache: Museumstexte in Leichter Sprache, kurze Sätze, kaum Fremdwörter

als Hörtexte: Hörstationen, auf Wunsch persönliche Begleitung

in Gebärdensprache: Führungen in Gebärdensprache buchbar

multimedial: Hörstationen, Apps

Sonstiges: Big Letter, große Schrift, kontrastreiche Gestaltung

Inklusive Führungen und Angebote

Zielgruppenspezifische Führungen: Buchbare Führungen für Menschen mit Demenz, in Gebärdensprache, in Arabisch und Farsi

Sensorische Vermittlungshilfen: Hörstationen, je nach Ausstellung auch Tast- und Riechobjekte

Eine Riechstation mit Gläsern zum Riechen

Das Wichtigste auf einen Blick

- ✓ Barrierefreier Eingang
- ✓ Ermäßigter Eintritt
- ✓ Barrierefreier Empfang
- ✓ Begleithunde erlaubt
- ✓ Barrierefreie WCs
- ✓ Barrierefreie Website
- ✓ Spezialführungen/ Angebote

Nähere Infos auf www.museumsguide.at

Menschen mit Behinderungen in inklusive Angebote von vornherein partizipativ einzubeziehen, sollte für uns alle eine Selbstverständlichkeit sein, denn sie leben ja auch selbstbestimmt und entscheiden tagtäglich in ihrem Leben, also warum nicht auch beim Umgang mit Kunst.

Rotraut Krall,
ehemalige Leiterin der Kunstvermittlung im Kunsthistorischen Museum Wien

inatura - Erlebnis Naturschau Dornbirn

Jahngasse 9,
6850 Dornbirn

Mo-So 10:00-18:00

€ 9,70 für Menschen mit Behindertenausweis
frei für Assistenzperson

Preise für inklusive Führungen und Workshops: € 68

Kontakt:
naturschau@inatura.at
www.inatura.at

Dornbirns „inatura“ präsentiert sich als ein Museum der besonderen Art. Die inatura zeigt in ihrer Ausstellung Themen rund um Natur, Mensch und Technik. Im Museum gehören interaktive Spiele und Videoprojektionen ebenso dazu wie lebende Kleintiere und Tierpräparate zum Anfassen.

Barrierefreie Zugänglichkeit

Im Gebäude: Das ganze Gebäude ist mit Liften ausgestattet

In Ausstellungen: Sitzmöglichkeiten vorhanden

Wie Inhalte vermittelt werden

in Leichter Sprache: Leichte Sprache

als Hörtexte: Audioguide mit Smartphone abrufbar

Inklusive Führungen und Angebote

Zielgruppenspezifische Führungen:

- Führungen für Sehbehinderte auf Anfrage

- einmal im Monat Führung für Menschen mit Demenz

Das Wichtigste auf einen Blick

- ✓ Barrierefreier Eingang
- ✓ Ermäßigter Eintritt
- ✓ Barrierefreier Empfang
- ✓ Begleithunde erlaubt
- ✓ Barrierefreie WCs
- ✓ Verleih von Rollator/Rollstuhl
- ✓ Barrierefreie Website
- ✓ Spezialführungen/Angebote

Nähere Infos auf www.museumsguide.at

Jüdisches Museum Hohenems

Schweizer Straße 5,
6845 Hohenems

Di-So 10:00-17:00

€ 5 für Menschen mit Behindertenausweis
€ 5 für Assistenzperson

Preise für inklusive Führungen und Workshops: ermäßigt
€ 8 für 1,5 Stunden
€ 9 für 2 Stunden
€ 10 für 3 Stunden

Kontakt:
Angelika Purin
vermittlung@jm-hohenems.at
www.jm-hohenems.at

Das Jüdische Museum dokumentiert vierhundert Jahre Geschichte: die Entwicklung der jüdischen Gemeinde Hohenems seit 1617 und ihre Blüte im 19. Jahrhundert, die regionale Geschichte des Antisemitismus und das Ende der Gemeinde im Nationalsozialismus, die Auseinandersetzung um Erinnerung und Tabus, aber auch den Neubeginn jüdischen Lebens nach 1945.

Barrierefreie Zugänglichkeit

In Ausstellungen: Sitzmöglichkeiten in den Ausstellungen

Wie Inhalte vermittelt werden

als Hörtexte: Über den Audioguide können alle Wandtexte und Dokumente gehört werden.

Das Wichtigste auf einen Blick

- ✓ Ermäßigter Eintritt
- ✓ Barrierefreier Empfang
- ✓ Begleithunde erlaubt

Nähere Infos auf www.museumsguide.at

Rhein-Schauen Museum und Rheinbähnle

Höchster Str. 4,
6890 Lustenau

Do 13:00-17:30
Sa-So 13:00-17:30

frei für Menschen mit Behindertenausweis
frei für Assistenzperson

Kontakt:
Birgit Brandstätter
office@rheinschauen.at
www.rheinschauen.at

Den Reiz des Museums macht die Kombination von Werkhof, Ausstellung und Dienstbahn aus. Mit einer historischen

Elektrolokomotive aus den 1940er-Jahren oder einer Dampflokomotive von 1910 bzw. 1920 erleben die Besucher:innen die wunderbar vielfältige Landschaft an Bodensee und Rhein. Im Werkhof Lustenau erwartet die Besucher:innen ein interessantes Panoptikum. Technik zum Anfassen, Landschaft zum Erfahren, mehr als 120 Jahre gelebte Geschichte, aber auch Gegenwart und Zukunft spannend und verständlich dargestellt.

Barrierefreie Zugänglichkeit

Eingang: Eingangsrampe vorhanden

Im Gebäude: alle Räumlichkeiten Barrierefrei

In Ausstellungen: Barriere-freier Zugang möglich

Wie Inhalte vermittelt werden

in Leichter Sprache: Beschriftungen der Exponate

Das Wichtigste auf einen Blick

- ✓ Barrierefreier Eingang
- ✓ Ermäßigter Eintritt
- ✓ Barrierefreier Empfang
- ✓ Begleithunde erlaubt
- ✓ Barrierefreie WCs
- ✓ Spezialführungen/ Angebote

Nähere Infos auf www.museumsguide.at

Vorarlberg Museum

Kornmarktplatz 1,
6900 Bregenz

Di-So 10:00-18:00
Do bis 20:00

€ 7 für Menschen mit Behindertenausweis

Preise für inklusive Führungen und Workshops:
€ 3 pro Person
Gruppengröße mit maximal 10 Personen inkl. Begleitpersonen,
Dauer 2 Stunden

Kontakt:
info@vorarlbergmuseum.at
www.vorarlbergmuseum.at

Wie das Land Vorarlberg in ein Museum packen? In den Ausstellungen werden Geschichten erzählt, die Vorarlberg und seine Bewohner:innen erfahrbar und erlebbar machen. Neben den laufenden Ausstellungen besticht das Museum auf drei Etagen mit außergewöhnlicher preisgekrönter Architektur.

Barrierefreie Zugänglichkeit

Eingang: Stufenloser Haupteingang

Im Gebäude: Café, Shop, WC

In Ausstellungen: Barrierefreiheit in allen Ausstellungsbereichen

Inklusive Führungen und Angebote

Inklusive Führungen und Workshops: Ausstellungsobjekte wecken Erinnerungen und verleiten zum Erzählen. Das Museum bietet Workshops für Menschen mit Demenz und deren Angehörige oder Betreuungspersonen in Zusammenarbeit mit der „Aktion Demenz“ an.

Das Wichtigste auf einen Blick

- ✓ Barrierefreier Eingang
- ✓ Ermäßigter Eintritt
- ✓ Barrierefreier Empfang
- ✓ Barrierefreie WCs
- ✓ Spezialführungen/Angebote

Nähere Infos auf www.museumsguide.at

„Inklusive Kunst schafft Orte der Begegnung und des gemeinsamen Erlebens von Menschen mit und ohne Behinderung.“

Martin Essl,
Essl Foundation

Kärnten

Kärnten Museum

Museumsgasse 2,
9020 Klagenfurt
am Wörthersee

Di-So 10:00-18:00
Do 10:00-20:00
Mo nach Vereinbarung

frei für Menschen mit Behindertenausweis
frei für Assistenzperson

Kontakt:
Dr. Sandra Rutter
sandra.rutter@landesmuseum.ktn.gv.at
www.landesmuseum.ktn.gv.at

143 Jahre nach seiner Grundsteinlegung wird das Kärntner Landesmuseum in der Klagenfurter Museumgasse vollkommen neu ein zweites Mal eröffnet. Die Verwandlung der Lebensräume, die Archäologie der Verwandlung, der Wandel der Ideen geben dabei den Leitfaden, den das neue kärnten.museum auch in Form seiner Inhalte und inklusiven Vermittlungsschwerpunkte aufgreift.
Ein Haus der Begegnung, Bildung, Konversation und Konfrontation. Vor allem aber das neue Museum als Erlebnis.

Barrierefreie Zugänglichkeit

Eingang: barrierefrei

Im Gebäude: Lift, WCs, Garderoben, Sammelbereiche

In Ausstellungen: kontrastreiche Farbgestaltung

Wie Inhalte vermittelt werden

in Leichter Sprache: Audioguide und entsprechende Führungen

als Hörtexte: Audioguide

in Gebärdensprache: Inklusive Führungen mit Gebärdendolmetscher:innen

in Brailleschrift: Audioguide mit Navigation

multimedial: App, Medienstationen

QR codes: ja

Sonstiges: kontrastreiche, große Schrift

Inklusive Führungen und Angebote

Zielgruppenspezifische Führungen:

- Führungen für Hörbeeinträchtigte mit Gebärdendolmetscher:innen
- Tastführungen
- Führungen für Menschen mit kognitiven Einschränkungen
- Führungen für Menschen mit Demenz

Sensorische Vermittlungshilfen: Tastobjekte und entsprechende Vermittlungstools für Sehbeeinträchtigte

Das Wichtigste auf einen Blick

- ✓ Barrierefreier Eingang
- ✓ Ermäßigter Eintritt
- ✓ Barrierefreier Empfang
- ✓ Begleithunde erlaubt
- ✓ Barrierefreie WCs
- ✓ Taktile Orientierungshilfen
- ✓ Barrierefreie Website
- ✓ Spezialführungen/ Angebote
- ✓ Induktive Höranlage

Nähere Infos auf www.museumsguide.at

Kärntner Botanikzentrum - Botanischer Garten Klagenfurt

Prof.-Dr.-Kahler-Platz 1,
9020 Klagenfurt
am Wörthersee

1.5.-30.9. täglich
10:00-16:00
1.10.-30.4.
Mo-Do
10:00-16:00

frei für Menschen mit Behindertenausweis
frei für Assistenzperson

Preise für inklusive Führungen und Workshops: € 3

Kontakt:
kbz@landesmuseum.ktn.gv.at
landesmuseum.ktn.gv.at

Die Kärntner Landesblume Wulfenia carinthiaca, eine Farn- und Moosschlucht, ein tosender Wasserfall, zahlreiche Feuchtbiotope und eine Kakteensammlung sind nur einige der Highlights. Besucher:innen können die faszinierende Pflanzenwelt Kärntens in komprimierter Form erkunden, ergänzt durch Besonderheiten aus der ganzen Welt.

Barrierefreie Zugänglichkeit

Eingang: Rundweg rollstuhltauglich

In Ausstellungen: Lebendsammlung des Botanischen Gartens durchgängig auch in Brailleschrift erschlossen.

Wie Inhalte vermittelt werden

in Brailleschrift: Lebendsammlung des Botanischen Gartens durchgängig auch in Brailleschrift erschlossen.

Nähere Infos auf www.museumsguide.at

Inklusive Führungen und Angebote

Sensorische Vermittlungshilfen: Lebendsammlung des Botanischen Gartens durchgängig auch in Brailleschrift erschlossen.

Das Wichtigste auf einen Blick

- ✓ Barrierefreier Eingang
- ✓ Ermäßigter Eintritt
- ✓ Barrierefreier Empfang
- ✓ Begleithunde erlaubt
- ✓ Barrierefreie WCs
- ✓ Taktile Orientierungshilfen
- ✓ Barrierefreie Website
- ✓ Spezialführungen/ Angebote

Mehr Mode, mehr Miteinander!

Die schönsten High-Fashion-Entwürfe für jeden Anlass leihen und dabei der Umwelt etwas Gutes tun.

Brandkampagne „WeDress To Express“

Exklusive Mode, aber bitte inklusiv.

Chanel. Gucci. Dior. Vivienne Westwood, und viele mehr. Die Miet-Plattform WeDress Collective macht Qualitätsmode für eine breite Masse zugänglich und geht damit in Sachen Nachhaltigkeit und Fairness einen wichtigen Schritt in Richtung Zukunft.

Als „Airbnb“ der Mode, ermöglicht WeDress hochwertige Kleidungsstücke zu (ver-)leihen – günstig, sicher & bequem.

Der Service ist aktuell via www.wedresscollective.com in Österreich & Deutschland verfügbar und umfasst Kleidung, Taschen und Accessoires.

Zu den wertvollsten Säulen zählen Diversität und Inklusion.

Die Vielfältigkeit und Stärke der Community verbildlicht alles, wofür WeDress Collective steht: viel Spaß & Freude an Mode – und das, ohne dem Planeten zu schaden oder Menschen auszuschließen.

WeDress Collective
Julia Rabello
Marketing & Kommunikation
julia@wedresscollective.com
www.wedresscollective.com

Museum 1915-1918

Kötschach 390,
9640 Kötschach-Mauthen

Di-Fr 10:00-17:00
Sa, So, Feiertag
14:00-18:00

€ 3 für Menschen mit Behindertenausweis
€ 5 für Assistenzperson

Kontakt:
Karin Schmid
museum@dolomitenfreunde.at
www.dolomitenfreunde.at

Als Mahnung zum Frieden in Europa dokumentiert das Museum 1915-1918 die Front vom Ortler bis zum Isonzo. Das Museum verdeutlicht die Geschichte des Ersten Weltkrieges anhand der Schicksale einfacher Soldaten und der Zivilbevölkerung auf beiden Seiten. Mit zahlreichen Dokumenten, historischen Fotos, Fundstücken und Exponaten sowie dem Nachbau alpiner Stellungen wird die Sinnlosigkeit des Krieges dargestellt.

Barrierefreie Zugänglichkeit

Eingang:
Behindertenparkplatz, Rampe

Im Gebäude:
Treppenlift, WC

In Ausstellungen:
Sitzmöglichkeiten,
Behinderten-WC,
Rampe

Wie Inhalte vermittelt werden

multimedial:
Gratis Audioguide,
Gratis WLAN

Das Wichtigste auf einen Blick

- ✓ Barrierefreier Eingang
- ✓ Ermäßigter Eintritt
- ✓ Barrierefreier Empfang
- ✓ Begleithunde erlaubt
- ✓ Barrierefreie WCs
- ✓ Spezialführungen/ Angebote

Nähere Infos auf www.museumsguide.at

Museum Liaunig

Neuhaus 41, 9155 Neuhaus

Mi-So 10:00-18:00

frei für Menschen mit
Behindertenausweis
frei für Assistenzperson

Kontakt:
office@museumliaunig.at
www.museumliaunig.at

Das vom Architektenteam querkraft konzipierte private Museum Liaunig in Neuhaus/Kärnten wurde 2008 eröffnet und bereits 2012 unter Denkmalschutz gestellt.
In wechselnden Ausstellungen werden die Kunstsammlungen des Industriellen Herbert Liaunig gezeigt: Österreichische Kunst ab 1945 und historische Sammlungspräsentationen – Portraitminiaturen, Gläser, Silber sowie afrikanische Gold- und Glasperlenkunst.

Barrierefreie Zugänglichkeit

Eingang: barrierefreier Eingang

Im Gebäude: Alle öffentlichen Bereiche, Ausstellungsräume, Garderoben, WCs, Shop und Café sind barrierefrei zugänglich. Ein Behindertenparkplatz ist vorhanden.

Das Wichtigste auf einen Blick

- ✓ Barrierefreier Eingang
- ✓ Barrierefreier Empfang
- ✓ Barrierefreie WCs
- ✓ Verleih von Rollator/Rollstuhl

Nähere Infos auf www.museumsguide.at

Museum Moderner Kunst Kärnten

Burggasse 8,
9021 Klagenfurt
am Wörthersee

Di-So 10:00-18:00
Do 10:00-20:00
(feiertags 10:00-18:00)

€ 2,50 für Menschen mit Behindertenausweis
€ 5 für Assistenzperson

Preise für inklusive Führungen und Workshops: € 2,50

Kontakt:
Mag. Christine Huber
vermittlung.museum@ktn.gv.at
www.mmkk.at

Das Museum Moderner Kunst Kärnten versteht sich als Ort der Begegnung mit moderner und zeitgenössischer Kunst. Auf 1.000m² Fläche werden Einzel- und Themenausstellungen junger und anerkannter nationaler und internationaler Positionen gezeigt. In den Arkaden sind die Highlights der Skulpturensammlung in einer ständigen Schau zu sehen. Die Burgkapelle steht den Künstler:innen als Projektraum zur Verfügung.

Barrierefreie Zugänglichkeit

Eingang: barrierefrei (Eingang im 1. Stock, großräumiger Lift)

Im Gebäude: Barrierfreiheit in den Ausstellungsräumen gegeben, barrierefreies WC vorhanden.

In Ausstellungen: Sitzgelegenheiten zum Mitnehmen vorhanden

Menschen im Rollstuhl bei einer Führung

Inklusive Führungen und Angebote

Inklusive Führungen und Workshops: Führungen für Menschen mit Demenz jederzeit auf Anfrage möglich

Das Wichtigste auf einen Blick

- ✓ Barrierefreier Eingang
- ✓ Ermäßigter Eintritt
- ✓ Barrierefreier Empfang
- ✓ Begleithunde erlaubt
- ✓ Barrierefreie WCs
- ✓ Barrierefreie Website
- ✓ Spezialführungen/ Angebote

Nähere Infos auf www.museumsguide.at

Steier mark

Alte Galerie Schloss Eggenberg
Universalmuseum Joanneum

Eggenberger Allee 90,
8020 Graz

Apr.-Okt. Di-So 10:00-18:00
Nov. bis 18. Dez. nur im Rahmen einer Führung

€ 10 für Menschen mit Behindertenausweis
frei für Assistenzperson

Kontakt:
+43 (0) 316 8017-9560
info-eggenberg@museum-joanneum.at
www.altegalerie.at

In der Alten Galerie Schloss Eggenberg erleben die Besucher:innen 500 Jahre europäische Kunst und Kulturgeschichte. Herausragende Beispiele österreichischer Gotik bezeugen den Glauben des Mittelalters, Meisterwerke aus Renaissance und Barock erzählen in 15 neugestalteten Themenräumen von Glanz und Elend der Frühen Neuzeit. Kostbare Handzeichnungen und Druckgrafiken aus dem Kupferstichkabinett bereichern die Dauerausstellung.

Barrierefreie Zugänglichkeit

Eingang: Barrierefreier Zugang, berollbarer Kiesweg zum Schloss, ca 200m. Behindertenparkplätze direkt vor dem Parkeingang.

Im Gebäude: Shop, Garderobe, WC, Lift

In Ausstellungen: Alle Räume berollbar, teiweise automatische Türen, kontrastreiche Beschilderung, Sitzgelegenheiten

Wie Inhalte vermittelt werden

in Leichter Sprache: Museumsführer in Leichter Sprache

als Hörtexte: Hörstationen

Inklusive Führungen und Angebote

Zielgruppenspezifische Führungen: auf Anfrage für Menschen mit Demenz

Das Wichtigste auf einen Blick

- ✓ Barrierefreier Eingang
- ✓ Ermäßigter Eintritt
- ✓ Barrierefreier Empfang
- ✓ Begleithunde erlaubt
- ✓ Barrierefreie WCs
- ✓ Verleih von Rollator/Rollstuhl
- ✓ Barrierefreie Website
- ✓ Spezialführungen/Angebote

Nähere Infos auf www.museumsguide.at

Archäologiemuseum Schloss Eggenberg

Universalmuseum Joanneum

Eggenberger Allee 90,
8020 Graz

April-Oktober
Di-So 10:00-18:00
November bis
18. Dezember nur im
Rahmen einer Führung
zugänglich

€ 10 für Menschen mit
Behindertenausweis
frei für Assistenzperson

Kontakt:
+43 (0) 316 8017-9560
info-eggenberg@
museum-joanneum.at
www.archaeologiemuseum.at

Das Archäologiemuseum zeigt mehr als 1.200 Objekte, die als „Lebensspuren" Ausgangspunkte für Fragen bilden, die die Menschen seit Jahrtausenden bewegen. Höhepunkte der Dauerausstellung sind hallstattzeitliche

Objekte von Weltrang, wie der Kultwagen von Strettweg oder die Maske von Kleinklein, aber auch der wertvollste römerzeitliche Fund aus der Steiermark, der Silberbecher von Grünau.

Barrierefreie Zugänglichkeit

Eingang: Barrierefreier Zugang, berollbarer Kiesweg von Parkkasse zu Archäologie-museum, ca. 400 m. Behinderten-parkplätze direkt vor dem Parkeingang.

Im Gebäude: Eingangsbereich, Kasse, WC, Garderobe und Lift barrierefrei für Rollstuhl zugänglich.

In Ausstellungen: Ausstellungsbereiche eben zugänglich, Glastüren markiert, Sitzmöglichkeiten

Wie Inhalte vermittelt werden

in Leichter Sprache: Begleitheft in Leichter Sprache

als Hörtexte: Audioguides zur Ausstellung

Sonstiges: Beschriftungen kontrastreich und teilweise in großer Schrift, taktile Elemente vorhanden.

Das Wichtigste auf einen Blick

- ✓ Barrierefreier Eingang
- ✓ Ermäßigter Eintritt
- ✓ Barrierefreier Empfang
- ✓ Begleithunde erlaubt
- ✓ Barrierefreie WCs
- ✓ Verleih von Rollator/Rollstuhl
- ✓ Barrierefreie Website
- ✓ Spezialführungen/Angebote

Nähere Infos auf www.museumsguide.at

Diözesanmuseum Graz

Bürgergasse 2, 8010 Graz

Di-Fr 09:00-17:00
Sa-So 11:00-17:00

€ 5,50 für Menschen mit Behindertenausweis
€ 5,50 für Assistenzperson

Kontakt:
Birgitta Kalcher
dioezesanmuseum@graz-seckau.at
www.dioezesanmuseum.at

Das Diözesanmuseum Graz zeigt ganzjährig eine Auswahl von hochwertigen Kostbarkeiten historischer und moderner Sakralkunst. Daneben finden wechselnde Sonderausstellungen statt, darunter die alljährliche Weihnachtsausstellung mit historischen Krippen. Zu den jeweiligen Ausstellungsthemen werden spezielle museumspädagogische Programme für Kinder angeboten. Außerdem gibt es für Interessierte ausstellungsbegleitende Veranstaltungen, Themenrundgänge, Kirchenführungen, Vorträge und Feste. Das Diözesanmuseum Graz versteht sich als Ort des künstlerischen Dialoges, der zur Auseinandersetzung mit Geschichte, Entwicklung und Gegenwart der Kirche und des christlichen Glaubens einlädt.

Barrierefreie Zugänglichkeit

Eingang: barrierefreier Eingang

Im Gebäude: Ausstellungsräume, Garderobe, Shop, Lift, WC

In Ausstellungen: Sitzgelegenheiten, Orientierungssystem, Markierung von Glastüren

Inklusive Führungen und Angebote

Inklusive Führungen und Workshops: Auf Anfrage

Das Wichtigste auf einen Blick

- ✓ Barrierefreier Seiteneingang
- ✓ Ermäßigter Eintritt
- ✓ Barrierefreier Empfang
- ✓ Begleithunde erlaubt
- ✓ Barrierefreie WCs
- ✓ Spezialführungen/ Angebote

Nähere Infos auf www.museumsguide.at

FRida & freD Das Grazer Kindermuseum

Friedrichgasse 34,
8010 Graz

Mi-Mo 09:00-17:00

fei für Menschen mit Behindertenausweis
frei für Assistenzperson

Kontakt:
Alexandra Sommer
kontakt@fridaundfred.at
www.fridaundfred.at

Das Grazer Kindermuseum FRida & freD ist ein Haus für alle, die Ausstellungen mit allen Sinnen erleben möchten. In den jährlich wechselnden Mitmach-Ausstellungen können Besucher:innen in verschiedene Themenwelten eintauchen.

Barrierefreie Zugänglichkeit

Eingang: Barrierefreie Rampe, barrierefreier Haupteingang

Im Gebäude:
barrierefreies WC, Lift zu allen Ausstellungsebenen

Inklusive Führungen und Angebote

Sensorische Vermittlungshilfen: In den Ausstellungen im FRida & freD lädt alles dazu ein, berührt und benutzt zu werden. Themengemäß gestaltete Räume und Stationen unterstützen das Eintauchen in die multisensorisch aufbereiteten Ausstellungsinhalte.

Das Wichtigste auf einen Blick

- ✓ Barrierefreier Eingang
- ✓ Barrierefreier Empfang
- ✓ Begleithunde erlaubt
- ✓ Barrierefreie WCs
- ✓ Barrierefreie Website
- ✓ Spezialführungen/Angebote

Nähere Infos auf www.museumsguide.at

Graz Museum

Sackstraße 18, 8010 Graz

Mo-So 10:00-18:00

€ 5 für Menschen mit Behindertenausweis
frei für Assistenzperson

Preise für inklusive Führungen und Workshops: € 2 bis € 4

Kontakt:
Mag. Angela Fink, MA
angela.fink@stadt.graz.at
grazmuseum.at

Das Graz Museum ist das kulturhistorische Museum der Stadt, dessen Sammlungen und Ausstellungen sich sowohl mit der Geschichte wie auch der Gegenwart und Zukunft der Stadt auseinandersetzt.

Barrierefreie Zugänglichkeit

Eingang: Der Eingang des Graz Museums liegt direkt neben einer Straßenbahnhaltestelle und ist zur Gänze barrierefrei und mit einem Leitsystem am Boden für blinde und sehbehinderte Menschen ausgestattet.

Im Gebäude: Im Erdgeschoss befindet sich eine behindertengerechte Toilette, alle Etagen des Museums sind mit einem Lift erreichbar, im Untergeschoss gelangt man zu Schließfächern.

In Ausstellungen: Alle Ausstellungen werden baulich barrierefrei konzipiert, darüber hinaus widmet sich das Graz Museum in ausgewählten Ausstellungen dem Thema Inklusion in Gestaltung und Kuration wie beispielsweise bei „Graz Plakat 1920-1955“.

Wie Inhalte vermittelt werden

in Leichter Sprache: Die Texte in der Ausstellung „Graz Plakat 1920-1955“ sind ausschließlich in Leichter Sprache (Deutsch, Englisch)

als Hörtexte: Der inklusive Audioguide bietet Tonspuren in Deutsch, Leichter Sprache sowie Audiodeskriptionen für blinde und sehbehinderte Menschen. Zudem befindet sich in der Kasematte ein multimediales Schlossbergmodell mit einer audiovisuellen Erzählung.

in Brailleschrift: Plakate in der Ausstellung wurden als Tastmodelle nachgebaut.

Inklusive Führungen und Angebote

Zielgruppenspezifische Führungen: Das Team der Kulturvermittlung bietet spezielle Führungen für blinde und sehbehinderte Menschen und auf Anfrage für Gehörlose mit Gebärdendolmetscher:innen sowie in Leichter Sprache.

Der inklusive Audioguide im Graz Museum

Das Wichtigste auf einen Blick

- ✓ Barrierefreier Eingang
- ✓ Ermäßigter Eintritt
- ✓ Barrierefreier Empfang
- ✓ Begleithunde erlaubt
- ✓ Barrierefreie WCs
- ✓ Verleih von Rollator/Rollstuhl
- ✓ Barrierefreie Website
- ✓ Spezialführungen/Angebote

Nähere Infos auf www.museumsguide.at

OHNE DICH
WÄR ICH
NICHT HIER!
DENN MIT IHRER HILFE UNTERSTÜTZ DIE SPORTHILFE
ÖSTERREICHISCHE ATHLETINNEN UND ATHLETEN
WIE DEN PARASCHWIMMER ANDREAS ONEA.
#ZUSAMMENUNSCHLAGBAR
UNTERSTÜTZE JETZT ÖSTERREICHS TALENTE!
SPORTHILFE.AT
sporthilfe
IN ZUSAMMENARBEIT MIT
österreichische LOTTERIEN
VOLKSBANK
ELK
EnergieDirect

Graz Museum Schlossberg

Schloßberg 5, 8010 Graz

Mo-So 10:00-18:00
November bis März
11:00-16:00

€ 2 für Menschen mit Behindertenausweis
frei für Assistenzperson

Preise für inklusive Führungen und Workshops: € 2 bis € 4

Kontakt:
Dr. Brigitte Schuchlenz
brigitte.schuchlenz@stadt.graz.at
www.grazmuseum.at

Das neue Graz Museum Schlossberg befindet sich an einem der zentralsten Punkte der Stadt Graz und bildet mit dem Graz Museum in der Sackstraße ein Gesamterlebnis, welches den Schlossberg in seiner historischen und naturwissenschaftlichen Dimension widerspiegelt.

Es ist die erste Anlaufstelle sowie Informationszentrum, das den Schlossberg strukturiert und den Besucher:innen Orientierung gibt. Auf ein flanierendes Publikum ausgerichtet, nimmt das Graz Museum Schlossberg eine öffnende, einladende und inkludierende Haltung ein, die sich auch in der architektonischen Gestaltung ausdrückt.

Barrierefreie Zugänglichkeit

Eingang: Der Eingangsbereich des Museums ist zur Gänze barrierefrei. Vor dem Eingang befindet sich ein taktiles Modell des Areals, das blinden und sehbehinderten Menschen Orientierung gibt.

Im Gebäude: Ale Bereiche des Museums sind zur Gänze barrierefrei. Es bietet behindertengerechte Toiletten sowie für alle zugängliche Schließfächer und flexibel platzierbare Sitzgelegenheiten im Innenhof. Darüber hinaus wurde ein Lift errichtet, der von der Dauerausstellung in die unterirdisch gelegene Kasematte führt, wo eine Rampe den gesamten Raum auch für Menschen im Rollstuhl oder mit einem Rollator zugänglich macht. Eine Rampe zur Aussichtsplattform ermöglicht allen Besucher:innen den Ausblick auf die Stadt.

In Ausstellungen: Auch bei der Gestaltung der Ausstellung wurde besonderes Augenmerk auf eine Zugänglichkeit zu allen Objekten auf allen Ebenen gelegt.

Wie Inhalte vermittelt werden

in Leichter Sprache: Ein inklusiver Audioguide bietet Tonspuren in Leichter Sprache auf Deutsch und Englisch.

als Hörtexte: Der inklusive Audioguide bietet Tonspuren in Deutsch, Leichter Sprache sowie mit Audiodeskriptionen für blinde und sehbehinderte Menschen. Zudem befindet sich in der Kasematte ein multimediales Schlossbergmodell mit einer audiovisuellen Erzählung.

in Brailleschrift: Vor dem Eingang befindet sich ein taktiles Modell des Areals, das blinden und sehbehinderten Menschen Orientierung gibt. Auf der barrierefrei zugänglichen Aussichtsplattform ist ein taktiles Relief der Aussicht platziert.

multimedial: Der inklusive Audioguide kann auch auf der Webseite des Graz Museums abgerufen werden und ermöglicht blinden und sehbehinderten Menschen, ihre eigenen Endgeräte zu nutzen. In der Kanonenhalle kann mittels einer multimedialen Sehmaschine das Rad der Zeit zurückgedreht werden.

Inklusive Führungen und Angebote

Zielgruppenspezifische Führungen: Das Team der Kulturvermittlung bietet spezielle Führungen für blinde und sehbehinderte Menschen und auf Anfrage für Gehörlose mit Gebärdendolmetscher:innen sowie in Leichter Sprache

Sensorische Vermittlungshilfen: Inklusiver Audioguide, taktiles Modell und taktiles Relief

Das Wichtigste auf einen Blick

- ✓ Barrierefreier Eingang
- ✓ Ermäßigter Eintritt
- ✓ Barrierefreier Empfang
- ✓ Begleithunde erlaubt
- ✓ Barrierefreie WCs
- ✓ Taktile Orientierungshilfen
- ✓ Verleih von Rollator/Rollstuhl
- ✓ Barrierefreie Website
- ✓ Spezialführungen/Angebote

Nähere Infos auf www.museumsguide.at

KulturQuartier Leoben

Kirchgasse 6, 8700 Leoben

Di-Fr 9:00-17:00
Sa 10:00-17:00

€ 3,50 für Menschen mit Behindertenausweis
€ 3,50 für Assistenzperson

Preise für inklusive Führungen: kostenfrei

Kontakt:
kulturquartier@leoben.at
www.kulturquartier.leoben.at

Das MuseumsCenter vereint Stadt-, Regional und Montangeschichte der Stadt Leoben. Historisch bedeutende Schlaglichter aus 1.100 Jahren Stadtgeschichte, aber auch wesentliche Phänomene aus der Ur- und Frühgeschichte werden so zu einem historischen Mosaik zusammengefügt und lassen Geschichte lebendig werden.

Barrierefreie Zugänglichkeit

Eingang: Barrierefreier Haupteingang

Im Gebäude: Lift vorhanden, barrierefreie Ausstellungsbereiche, WCs und Garderobe

In Ausstellungen: Sitzmöglichkeiten

Wie Inhalte vermittelt werden

in Leichter Sprache: Führungen in Leichter Sprache gegen Voranmeldung möglich

Inklusive Führungen und Angebote

Zielgruppenspezifische Führungen: Führungen in Leichter Sprache gegen Voranmeldung möglich

Das Wichtigste auf einen Blick

- ✓ Barrierefreier Eingang
- ✓ Ermäßigter Eintritt
- ✓ Barrierefreier Empfang
- ✓ Begleithunde erlaubt
- ✓ Barrierefreie WCs
- ✓ Verleih von Rollator/Rollstuhl
- ✓ Barrierefreie Website

Nähere Infos auf www.museumsguide.at

„Es kommt nicht darauf an, ob ich schwarz oder weiß bin, ob ich blind oder nicht blind bin. Jeder hat etwas zu sagen. Es ist wichtig, Menschen darin zu unterstützen, sich auszudrücken, und das passiert durch die Kunst, durch den gemeinsamen Austausch darüber.“

Silja Korn,
Kunstvermittlerin und
Künstlerin, erblindet

Kunsthaus Graz
Universalmuseum Joanneum

Lendkai 1, 8020 Graz

Di-So, Feiertag 10:00-18:00

€ 10 für Menschen mit
Behindertenausweis
frei für Assistenzperson

Kontakt:
+43 (0) 316 8017-9560
info@kunsthausgraz.at
www.museum-joanneum.at/
kunsthaus-graz

Das architektonische Wahrzeichen von Graz begeistert seine Gäste mit zeitgenössischer Kunst und einem unvergesslichen Blick auf die Altstadt. In seinen „Spaces" bietet das Kunsthaus Graz Ausstellungen mit internationaler Gegenwartskunst, die aktuelle Themen und globale Trends aufgreifen. Die leuchtende BIX-Fassade kommuniziert in Richtung Mur und Innenstadt, die „Needle" des Hauses ist eine beliebte Aussichtsplattform.

Barrierefreie Zugänglichkeit

Eingang: Drei barrierefreie Zugänge mit Taster. Taktiles Modell des Kunsthaus Graz vor dem Eingang. Behindertenparkplatz.

Im Gebäude: Alle Bereiche barrierefrei zugänglich. Taktiles Leitsystem zum Haus und im Foyer. Lift mit Ansagen und Braillebeschriftungen. Induktive Höranlage bei Information, Kasse und im Veranstaltungsraum Space04.

In Ausstellungen: Ausreichend Sitzgelegenheiten. Gut einsehbare Vitrinen, unterfahrbare Tische, Wendemöglichkeiten. Farbgestaltung und Beschriftungen in gut wahrnehmbaren Kontrasten.

Wie Inhalte vermittelt werden

in Leichter Sprache:
Beschriftungen teilweise in Leichter Sprache.

als Hörtexte:

- Audioguide zur Architektur und zu den wechselnden Ausstellungen in deutscher und englischer Sprache
- Audioguide zur Architektur für Kinder
- Mediaguide zur Architektur in Einfacher Sprache.

Alle Audioguides und Mediaguide auch auf der Homepage und in der Museum Joanneum App

in Gebärdensprache:
Mediaguide zur Architektur in Österreichischer Gebärdensprache

multimedial: Museum Joanneum App mit allen Audioguides, Mediaguides und Podcasts der Häuser des Universalmuseums Joanneum

Sonstiges: Mobile induktive Höranlage verfügbar

Inklusive Führungen und Angebote

Zielgruppenspezifische Führungen:

- taktile Rundgänge
- Rundgänge für Menschen mit und ohne Demenz
- Rundgänge mit Induktionsschleifen
- Rundgänge mit Gebärdendolmetscher:innen
- Rundgänge in Einfacher Sprache

Jeweils zu Fixterminen und auf Anfrage.

Inklusive Führungen und Workshops:
„Koffer der Erinnerungen" für Menschen mit und ohne Demenz.

Das Wichtigste auf einen Blick

- ✓ Barrierefreier Eingang
- ✓ Ermäßigter Eintritt
- ✓ Barrierefreier Empfang
- ✓ Begleithunde erlaubt
- ✓ Barrierefreie WCs
- ✓ Taktile Orientierungshilfen
- ✓ Verleih von Rollator/Rollstuhl
- ✓ Barrierefreie Website
- ✓ Spezialführungen/Angebote
- ✓ Induktive Höranlage

Nähere Infos auf www.museumsguide.at

Landeszeughaus
Universalmuseum Joanneum

Herrengasse 16, 8010 Graz

April bis Oktober
Di-So, Feiertag
10:00-18:00
November nur mit
Führung Di-So, Feiertag
11:00 und 14:00 (deutsch),
12:30 (englisch)
Dezember bis März
Di-So, Feiertag 11:00-12:00
und 14:00-15:00

€ 10 für Menschen mit
Behindertenausweis
frei für Assistenzperson

Kontakt:
+43 (0) 316 8017-9810
info-zh@
museum-joanneum.at
www.landeszeughaus.at

Das Landeszeughaus gilt als die größte erhaltene historische Waffenkammer der Welt. Es ist mit rund 32.000 Objekten Zeugnis einer konfliktreichen Zeit und sensibles Erbe, Denkmal und Museum zur Landesgeschichte,restauratorische und museologische Herausforderung.

Barrierefreie Zugänglichkeit

Eingang: Barrierefreier Eingang

Im Gebäude: Ausstellungsräume per Lift barrierefrei erreichbar und schwellenlos befahrbar. Barrierefreie Toilette durch Rampe zugänglich.

Wie Inhalte vermittelt werden

als Hörtexte: Audioguides vor Ort oder in der Museum Joanneum App

Inklusive Führungen und Angebote

Zielgruppenspezifische Führungen: Auf Anfrage

- Führungen für Blinde und Sehbeeinträchtigte mit taktilen Elementen

- Führungen in Leichter Sprache.

Das Wichtigste auf einen Blick

- ✓ Barrierefreier Eingang
- ✓ Ermäßigter Eintritt
- ✓ Barrierefreier Empfang
- ✓ Begleithunde erlaubt
- ✓ Barrierefreie WCs
- ✓ Verleih von Rollator/Rollstuhl
- ✓ Barrierefreie Website
- ✓ Spezialführungen/Angebote

Nähere Infos auf www.museumsguide.at

Museum für Geschichte

Universalmuseum Joanneum

Sackstraße 16, 8010 Graz

Di-So, Feiertag 10:00-18:00

€ 10 für Menschen mit Behindertenausweis
frei für Assistenzperson

Kontakt:
+43 (0) 316 8017-9810
info-mfg@
museum-joanneum.at
www.museum-joanneum.at/
museum-fuer-geschichte

Werden und Wandel der Steiermark vom Hochmittelalter bis zur Gegenwart stehen im Mittelpunkt des Museums für Geschichte. Die Veränderungen der letzten 900 Jahre zeigt die Schau 100 x Steiermark. Das Schaudepot präsentiert die Vielfalt der Kulturhistorischen und Multimedialen Sammlungen, wechselnde Sonderausstellungen greifen aktuelle Themen auf.

Barrierefreie Zugänglichkeit

Eingang: Barrierefreier Zugang

Im Gebäude: Ausstellungsräume barrierefrei per Lift zu erreichen. Garderobe und Toiletten barrierefrei.

Wie Inhalte vermittelt werden

in Leichter Sprache:
teilweise Beschriftungen

Inklusive Führungen und Angebote

Zielgruppenspezifische Führungen: Auf Anfrage
- Führungen in Leichter Sprache
- in Gebärdensprache
- mit taktilen Elementen
- für Menschen mit Demenz

Inklusive Führungen und Workshops: Einmal jährlich interkulturelles Märchenfest mit Beiträgen in dutzenden Sprachen aus aller Welt

Das Wichtigste auf einen Blick

- ✓ Barrierefreier Eingang
- ✓ Ermäßigter Eintritt
- ✓ Barrierefreier Empfang
- ✓ Begleithunde erlaubt
- ✓ Barrierefreie WCs
- ✓ (teilweise) Taktile Orientierungshilfen
- ✓ Verleih von Rollator/Rollstuhl
- ✓ Barrierefreie Website
- ✓ Spezialführungen/Angebote

Nähere Infos auf www.museumsguide.at

Museum Hartberg

Herrengasse 6,
8230 Hartberg

Mi-So 10:00-16:00

€ 2,50 für Menschen mit Behindertenausweis
€ 5 für Assistenzperson

Preise für inklusive Führungen und Workshops: € 7,50

Kontakt:
www.museum.hartberg.at

Nach Eintritt in ein altes Klassenzimmer werden in der Folge bedeutsame Ereignisse des 20. Jahrhunderts betrachtet. Die Abwehr von Türken, Kuruzzen, Heiducken, die Sozial- und Rechtsgeschichte der Stadt speziell im Mittelalter und früher Neuzeit wird in der Folge thematisiert. Die Römerzeit und die Besiedlung des Ringkogels vor der Zeitenwende sowie regionale Fundstücke aus den Metallzeiten und der Jungsteinzeit bilden den Abschluss des historischen Streifzuges.

Barrierefreie Zugänglichkeit

Eingang: barrierefrei

Im Gebäude: 1 Treppenlift mit Rollstuhl befahrbar, 1 Niveauüberbrückungslift für Rollstuhl befahrbar

Wie Inhalte vermittelt werden

in Leichter Sprache: bei allen Texten

Das Wichtigste auf einen Blick

- ✓ Barrierefreier Eingang
- ✓ Ermäßigter Eintritt
- ✓ Barrierefreier Empfang
- ✓ Begleithunde erlaubt
- ✓ Barrierefreie WCs
- ✓ Spezialführungen/Angebote

Nähere Infos auf www.museumsguide.at

Museum Murtal

Herrengasse 12,
8750 Judenburg

Mi-So 10:00-17:00

frei für Menschen mit Behindertenausweis
frei für Assistenzperson

Kontakt:
info@museum-murtal.at
www.museum-murtal.at

Das erste obersteirische Archäologiemuseum beherbergt einige der ältesten Objekte aus der Geschichte der Region Murtal. Zu sehen sind Waffen, Schmuck und kunstvolle Keramik. Auch der berühmte Kultwagen stammt aus einem der Strettweger „Fürstengräber". Die Besucher:innen erwartet eine Zeitreise in das Murtal der älteren Eisenzeit vor fast 3000 Jahren und spannende Erfahrungen rund um die Archäologie.

Barrierefreie Zugänglichkeit

Eingang: Barrierefreier Haupteingang

Im Gebäude:
Alle Ausstellungsräume, WCs, Shop, Garderobe

In Ausstellungen: Bewegungsraum für Rollstuhlfahrer:innen, Sitzgelegenheiten

Wie Inhalte vermittelt werden

als Hörtexte: Audioguide vorhanden

Inklusive Führungen und Angebote

Sensorische Vermittlungshilfen: Tastobjekte, Hörstation

Das Wichtigste auf einen Blick

- ✓ Barrierefreier Eingang
- ✓ Ermäßigter Eintritt
- ✓ Barrierefreier Empfang
- ✓ Begleithunde erlaubt
- ✓ Barrierefreie WCs
- ✓ Barrierefreie Website

Nähere Infos auf www.museumsguide.at

Museum Pfeilburg Fürstenfeld

Klostergasse 18,
8280 Fürstenfeld

Di-So 15:00-18:00

€ 4,50 für Menschen mit Behindertenausweis
€ 4,50 für Assistenzperson

Kontakt:
Gaby Jedliczka
pfeilburg@stwff.at
www.museum-pfeilburg.at

Ausgezeichnet mit dem Österreichischen Museumspreis für die gelungene Präsentation, die reichen Bestände und die behindertengerechte Ausstattung, wird heute auf rund 700m² Ausstellungsfläche die wechselvolle Geschichte der „Stadt an der Grenze" dokumentiert. Durch moderne Präsentationtechnik, Originalexponate und Modelle wird die Geschichte Fürstenfelds und seiner Umgebung anschaulich und detailreich präsentiert.

Barrierefreie Zugänglichkeit

Eingang: Nebeneingang barrierefrei

Im Gebäude: Treppenlift vorhanden, WC

Das Wichtigste auf einen Blick

- ✓ Barrierefreier Eingang
- ✓ Ermäßigter Eintritt
- ✓ Barrierefreier Empfang
- ✓ Begleithunde erlaubt
- ✓ Barrierefreie WCs

Nähere Infos auf www.museumsguide.at

Museum Zeitroas

Ramsau 227,
8972 Ramsau am Dachstein

Mo-Mi 10-12:30
Mi-Fr 15:00-18:00

€ 3 für Menschen mit Behindertenausweis
€ 3 für Assistenzperson

Kontakt:
Josef Tritscher
josef.tritscher@aon.at
www.zeitroas.at

Das Museum Zeitroas ist das Ramsauer Museum für Einheimische und Gäste im alten Pehabstall in Ramsau-Ort. Hauptthemen sind die touristische Entwicklung des Ortes, die einzigartige Entstehung und Erhaltung des evangelischen Glaubens im katholischen Habsburgerreich, die Zeit der Reformation, Gegenreformation und des Geheimprotestantismus. Und natürlich das Thema Dachstein. Dem Thema Jagd und ihrer Geschichte wird durch eine spezielle Dauerausstellung breiter Raum eingeräumt.

Barrierefreie Zugänglichkeit

Eingang: ebenerdig ohne Stufen

Im Gebäude: keine Barrieren, Ausstellungsfläche auf einer Ebene

In Ausstellungen: Textilboden, keine Türen, teilweise unterfahrbare Vitrinen

Wie Inhalte vermittelt werden

in Leichter Sprache: ja

multimedial: Hörstationen und mehrere Filme mit Kopfhörer-Texten

Inklusive Führungen und Angebote

Sensorische Vermittlungshilfen: Jeden Mittwoch ist eine spätmittelalterliche Schmiede in Betrieb. Auf Anfrage führt im Zuge einer Führung ein Handwerker praktisch das Vergolden eines Tafelbildes vor.

Das Wichtigste auf einen Blick

- ✓ Barrierefreier Eingang
- ✓ Ermäßigter Eintritt
- ✓ Barrierefreier Empfang
- ✓ Begleithunde erlaubt
- ✓ Barrierefreie WCs
- ✓ Spezialführungen/ Angebote

Nähere Infos auf www.museumsguide.at

NaturLese-Museum Neumarkt

Hauptplatz 1,
8820 Neumarkt in der Steiermark

Mi-So 10:00-17:00
(letzter Einlass 16:00)

frei für Menschen mit Behindertenausweis
frei für Assistenzperson

Kontakt:
office@nalemu.at
www.natura.at

NaturLesen bedeutet von der Natur zu lernen – sie lehrt bei genauem Hinschauen so einiges. Im Schaubienenstock können Besucher:innen Bienen bei der Arbeit beobachten. In einem anderen Raum wird gemeinsam der Wald zum Leben erweckt oder kann eine eigene Naturlandschaft auf einem kinetischen Sandtisch gebaut werden. Das Museum lädt die Besucher:innen zum aktiven NaturLesen ein.

Barrierefreie Zugänglichkeit

Eingang: Barrierefreier Eingang

Im Gebäude: alle Ausstellungsräume, Garderobe, Lift, WC

In Ausstellungen: Sitzgelegenheiten

Das Wichtigste auf einen Blick

- ✓ Barrierefreier Eingang
- ✓ Ermäßigter Eintritt
- ✓ Barrierefreier Empfang
- ✓ Begleithunde erlaubt
- ✓ Barrierefreie WCs

Nähere Infos auf www.museumsguide.at

Neue Galerie Graz

Universalmuseum Joanneum

Joanneumsviertel,
8010 Graz

Di-So, Feiertag 10:00-18:00

€ 10 für Menschen mit Behindertenausweis
frei für Assistenzperson

Kontakt:
+43 (0) 316 8017-9560
joanneumsviertel@museum-joanneum.at
www.museum-joanneum.at/neue-galerie-graz

Als Museum für moderne und zeitgenössische Kunst mit einer umfangreichen Sammlung von Werken österreichischer und internationaler Künstler:innen vom 19. Jahrhundert bis zur Gegenwart fungiert die Neue Galerie Graz als Zentrum der Forschung zur jüngeren Kunstgeschichte ab dem 19. Jahrhundert, mit gesonderten Schwerpunkten in der Kunst des 20. Jahrhunderts und zahlreichen Anknüpfungspunkten bis in die Gegenwart.

Barrierefreie Zugänglichkeit

Eingang: Barrierefreier Zugang zu Foyer über Lift neben Cafe, mit taktilem Leitsystem, gekennzeichnet mit Piktogramm, und Taster. Stele oder Akustikboje für blinde Menschen beim Eingang Raubergasse.

Im Gebäude: Besucher:innenzentrum und Garderobe barrierefrei zugänglich. Induktionsanlage vorhanden. Barrierefreie Toilette mit Eurokey. Beim Hebelift im Inneren Assistenzperson benötigt.

In Ausstellungen: Mobile induktive Höranlage, ausreichend Sitzgelegenheiten. Ausstellungsräume barrierefrei, automatische Türen, Tische unterfahrbar, Vitrinen gut einsehbar, kontrastreiche Beschriftungen.

Wie Inhalte vermittelt werden

in Leichter Sprache: Teilweise Beschriftungen in Leichter Sprache.

als Hörtexte:

- Audioguide zu den Ausstellungen in deutscher und englischer Sprache,
- Audioguide zu Joanneumsviertel in deutscher und englischer Sprache
- Audioguide zu Joanneumsviertel für Kinder
- Mediaguide zu Joanneumsviertel in Einfacher Sprache und in englischer Sprache.

Alle Audioguides und Mediaguide auch auf der Homepage und in der Museum Joanneum App.

in Gebärdensprache: Mediaguide Joanneumsviertel in Österreichischer Gebärdensprache. Auf der Homepage und in der Museum Joanneum App

in Brailleschrift: Lifte mit Beschriftungen in Brailleschrift

multimedial: Detaillierte Informationen auf der Homepage und in der Museum Joanneum App

Sonstiges: Kontrastreiche Beschriftungen, teilweise Beschriftungen in großer Schrift

Inklusive Führungen und Angebote

Zielgruppenspezifische Führungen:

- taktile Rundgänge für sehbeeinträchtigte und blinde Menschen
- Rundgänge mit mobiler induktiver Höranlage
- mit Dolmetscher:innen in Österreichischer Gebärdensprache und in Einfacher Sprache

Auf Anfrage und zu Fixterminen.

Inklusive Führungen und Workshops: Rundgänge für Menschen mit und ohne Demenz. Auf Anfrage und zu Fixterminen.

Das Wichtigste auf einen Blick

- ✓ Barrierefreier Eingang
- ✓ Ermäßigter Eintritt
- ✓ Barrierefreier Empfang
- ✓ Begleithunde erlaubt
- ✓ Barrierefreie WCs
- ✓ Taktile Orientierungshilfen
- ✓ Verleih von Rollator/Rollstuhl
- ✓ Barrierefreie Website
- ✓ Spezialführungen/Angebote
- ✓ Induktive Höranlage

Nähere Infos auf www.museumsguide.at

Schloss Eggenberg Prunkräume

Universalmuseum Joanneum

Eggenberger Allee 90,
8020 Graz

April–Oktober
Di–So & Feiertags
Führungen um 10:00, 11:00, 12:00, 14:00, 15:00 und 16:00
Mai–September auch um 17:00 sowie nach Voranmeldung. Die Prunkräume sind nur im Rahmen einer Führung zugänglich.

€ 15 für Menschen mit Behindertenausweis
frei für Assistenzperson

Kontakt:
+43 (0) 316 8017-9560
info-eggenberg@museum-joanneum.at
www.museum-joanneum.at/schloss-eggenberg-prunkraeume-und-gaerten

Die Beletage von Schloss Eggenberg hat ihr ursprüngliches Erscheinungsbild bis heute nahezu unverändert erhalten. Der Zyklus von 24 Prunkräumen mit originaler Ausstattung des 17. und 18. Jahrhunderts gehört zu den bedeutendsten Ensembles historischer Innenräume, die Österreich besitzt. Ihr Mittelpunkt ist der glanzvolle Planetensaal.

Barrierefreie Zugänglichkeit

Eingang: Barrierefreier Zugang, berollbarer Kiesweg zum Schloss, ca 200m. Behindertenparkplätze direkt vor dem Parkeingang.

Im Gebäude: Eingangsbereich, Shop, Garderobe, Toiletten und Lift barrierefrei zugänglich

In Ausstellungen: Prunkräume barrierefrei zugänglich. Tragbare Klappsessel werden angeboten.

Wie Inhalte vermittelt werden

Sonstiges: Ensemble historischer Räume ohne Beschriftungen, nur im Rahmen von Führungen zugänglich.

Inklusive Führungen und Angebote

Zielgruppenspezifische Führungen: Auf Anfrage

- Führungen für Blinde und Sehbeeinträchtigte mit taktilen Elementen
- Führungen für Menschen mit Demenz
- Führungen in Leichter Sprache
- Führungen mit mobiler Induktionsanlage

Inklusive Führungen und Workshops: Auf Anfrage

- Museum a la carte“ live Online-Führungen für mobilitätseingeschränkte Besucher:innen

Das Wichtigste auf einen Blick

- Barrierefreier Eingang
- Ermäßigter Eintritt
- Barrierefreier Empfang
- Begleithunde erlaubt
- Barrierefreie WCs
- Verleih von Rollator/Rollstuhl
- Barrierefreie Website
- Spezialführungen/Angebote
- Induktive Höranlage

Nähere Infos auf www.museumsguide.at

Steirisches Feuerwehrmuseum Kunst & Kultur

Marktstraße 1,
8522 Groß St. Florian

März bis Oktober
Di-So 10:00-17:00
letzter Einlass 16:30

€ 5,50 für Menschen mit Behindertenausweis
€ 5,50 für Assistenzperson

Preise für inklusive Führungen und Workshops: € 1,50

Kontakt:
office@feuerwehrmuseum.at
www.feuerwehrmuseum.at

In historischer Museumsarchitektur ermöglicht die Schausammlung mit modernen Medien einen Blick hinter die Kulissen der steirischen Feuerwehr. Absolute Highlights sind die umfangreiche Helmsammlung sowie die Fahrzeughallen mit den beliebten Oldtimern. Interaktive Kinderstationen machen den Museumsbesuch zum Erlebnis. Feuer und Kunst vereinen sich in einer „explosiven Mischung“ über die gesamte Saison.

Barrierefreie Zugänglichkeit

Eingang: Stufenloser Haupteingang

Im Gebäude: alle Ausstellungsbereiche, WC, Lift

Wie Inhalte vermittelt werden

in Leichter Sprache: Raumtexte vorhanden

als Hörtexte: Audioguide

in Gebärdensprache: auf Anfrage

multimedial: Medienstationen

Inklusive Führungen und Angebote

Zielgruppenspezifische Führungen: Führungen in Gebärdensprache oder in einfacher Sprache auf Anfrage

Das Wichtigste auf einen Blick

- ✓ Barrierefreier Eingang
- ✓ Ermäßigter Eintritt
- ✓ Barrierefreier Empfang
- ✓ Begleithunde erlaubt
- ✓ Barrierefreie WCs
- ✓ Barrierefreie Website
- ✓ Spezialführungen/Angebote

Nähere Infos auf www.museumsguide.at

Stift Admont Museum und Bibliothek

Kirchplatz 1, 8911 Admont

aktuelle Öffnungszeiten auf www.stiftadmont.at

€ 12,50 für Menschen mit Behindertenausweis
€ 12,50 für Assistenzperson

Kontakt:
museum@stiftadmont.at
www.stiftadmont.at

Das 2003 neu eröffnete Museum erstreckt sich über drei Etagen. Es bietet Handschriften und Frühdrucke, sakrale und profane Kunst vom Mittelalter bis zur Gegenwart, ein Gotik-Museum mit der Dauerausstellung der Sammlung Mayer, naturhistorische Sammlungen, multimediale Stationen und Veranstaltungen.
Der Eintritt inkludiert das Erlebnis der spätbarocken Admonter Stiftsbibliothek.

Barrierefreie Zugänglichkeit

Eingang: teilweise barrierefrei

Im Gebäude: barrierefreie Ausstellungsräume, Lift, WCs, Klosterladen; teilweise barrierefreie Garderobe

In Ausstellungen: barrierefreier Boden, Bewegungsraum für Rollstuhlfahrer:innen, Sitzgelegenheiten

Wie Inhalte vermittelt werden

als Hörtexte: Audioguides

multimedial: App Discover Culture

Das Wichtigste auf einen Blick

- ✓ Barrierefreier Eingang
- ✓ Ermäßigter Eintritt
- ✓ Barrierefreier Empfang
- ✓ Begleithunde erlaubt
- ✓ Barrierefreie WCs
- ✓ Barrierefreie Website

Nähere Infos auf www.museumsguide.at

Südbahn Museum

Heizhausgasse 2,
8680 Mürzzuschlag

Mai bis Oktober
Do-So und Feieiertag
10:00-13:00 und 14:00-17:00
November bis April
eingeschränkte Öffnungszeiten siehe website

€ 6 für Menschen mit Behindertenausweis
frei für Assistenzperson

Kontakt:
info@suedbahnmuseum.at
www.suedbahnmuseum.at

Das Tor zum UNESCO Weltkulturerbe Semmeringeisenbahn. Zwei Lokomotivhallen beherbergen eine Ausstellung zur Südbahn und eine Fahrzeugsammlung, mit der größten Draisinen- und Motorbahnwagensammlung Österreichs. Für Kinder führt ein Kindererlebnisweg „Bitte alle einsteigen! Zug fährt ab“ durch die Museumshallen.

Barrierefreie Zugänglichkeit

Eingang: Ebenerdig

Im Gebäude: der gesamte Ausstellungsbereich ist ebenerdig

In Ausstellungen: im Hauptgebäude ist ein Asphaltboden verlegt, im Rundlokschuppen Holzboden und Betonboden

Wie Inhalte vermittelt werden

multimedial: mürzAPP verfügt über einen dynamischen Schieberegler für „Leichte Lesbarkeit"

Das Wichtigste auf einen Blick

- ✓ Barrierefreier Eingang
- ✓ Ermäßigter Eintritt
- ✓ Barrierefreier Empfang
- ✓ Begleithunde erlaubt
- ✓ Barrierefreie WCs
- ✓ Barrierefreie Website
- ✓ Spezialführungen/Angebote

Nähere Infos auf www.museumsguide.at

Volkskundemuseum
Universalmuseum Joanneum

Paulustorgasse 11-13a,
8010 Graz

Di-So, Feiertag 10:00-18:00

€ 10 für Menschen mit Behindertenausweis
frei für Assistenzperson

Kontakt:
+43 (0) 316 8017-9810
info-vk@museum-joanneum.at
www.museum-joanneum.at/volkskunde

Wie gestaltet sich das Heute? Wie ist es geworden? Das Volkskundemuseum ist seit 1913 im ehemaligen Kapuzinerkloster in der Grazer Paulustorgasse untergebracht. Es verfügt über eine einzigartige Sammlung hauptsächlich aus der vorindustriellen Zeit. Mehr als 40.000 Objekte dokumentieren die materielle und geistige Volkskultur der Steiermark. Ursprünglich auf die bäuerliche Gesellschaft vor den Weltkriegen fokussiert, wendet sich die Aufmerksamkeit des Museums heute auf das Leben in einer globalisierten Welt, die ihre Wurzeln aus kulturellen Relikten neu definiert.

Barrierefreie Zugänglichkeit

Eingang: Barrierefreier Eingang, Behindertenparkplätze vorhanden

Im Gebäude: Barrierefreier Zugang zu Ausstellungsräumlichkeiten, WC, Lift, Garderobe, Shop, Kassa, Eingang, Innenhof

In Ausstellungen:
Alle Ausstellungsräume bis auf die Rauchstube für Rollstuhlfahrer:innen barrierefrei zugänglich, Sitzmöglichkeiten, Bewegungsraum für Rollstuhlfahrer:innen

Wie Inhalte vermittelt werden

in Leichter Sprache:
Beschriftungen in Leichter Sprache, Broschüre in Leichter Sprache an der Kassa erhältlich

als Hörtexte: Audioguides (QR-Code an Kassa erhältlich) und Podcasts verfügbar

Sonstiges: Begleithefte in großer Schrift und Leichter Sprache vorhanden

Inklusive Führungen und Angebote

Zielgruppenspezifische Führungen: Auf Anfrage
- Führungen in Leichter Sprache
- Führungen für Menschen mit Demenz

Inklusive Führungen und Workshops: Auf Anfrage sprachintegratives Programm für Deutschlernende „Museumspalaver“

Sensorische Vermittlungshilfen: Taktile Elemente vorhanden

Das Wichtigste auf einen Blick

- ✓ Barrierefreier Eingang
- ✓ Ermäßigter Eintritt
- ✓ Barrierefreier Empfang
- ✓ Begleithunde erlaubt
- ✓ Barrierefreie WCs
- ✓ Verleih von Rollator/Rollstuhl
- ✓ Barrierefreie Website
- ✓ Spezialführungen/Angebote

Nähere Infos auf www.museumsguide.at

WinterSport Museum Mürzzuschlag

Wiener Straße 13,
8680 Mürzzuschlag

Mo-Mi 09:00-13:00
Do, Fr 09:00-13:00 und
14:00 bis 17:00

€ 6 für Menschen mit Behindertenausweis
€ 7,50 für Assistenzperson

Kontakt:
office@wintersportmuseum.com
www.wintersportmuseum.com

Das 1947 gegründete Museum ist weltweit eines der größten Fachmuseen im Bereich Winter- und Skisports und bietet eine ausgewogene Mischung aus informativer Präsentation und spannender Inszenierung. Die neue Museums App ermöglicht einen interaktiven Museumsrundgang und eine spannende Entdeckertour für den Museumsbesucher. Der Kindererlebnisweg lädt zum aktiven Museumsbesuch für Familien ein.

Barrierefreie Zugänglichkeit

Eingang: barrierefreier Eingang

Im Gebäude: Dauerausstellung mittels Treppenlift und Lift erreichbar; Museumsräumlichkeiten barrierefrei

In Ausstellungen: Sitzmöglichkeiten, rutschfester Boden

Wie Inhalte vermittelt werden

multimedial: Museums App, Filme (ohne Ton)

Sonstiges: Museums App in Leichter Lesbarkeit

Das Wichtigste auf einen Blick

- ✓ Barrierefreier Eingang
- ✓ Ermäßigter Eintritt
- ✓ Barrierefreier Empfang
- ✓ Begleithunde erlaubt
- ✓ Barrierefreie WCs

Nähere Infos auf www.museumsguide.at

„Das Gesetz ist klar, die gleichberechtigte Teilhabe am öffentlichen Leben und an kulturellen Angeboten für Menschen mit Behinderungen muss gewährleistet werden.“

Jennie Schellenbacher,
ARGE Inklusives Museum

Burgen land

Landesmuseum Burgenland

Museumgasse 1-5,
7000 Eisenstadt

Di-Fr 9:00-17:00
Sa-So und Feiertag
10:00-17:00

€ 4 für Menschen mit Behindertenausweis
€ 4 für Assistenzperson

Preise für inklusive Führungen und Workshops: Erwachsene € 29, Kinder und Jugendliche: € 3,50 (Gruppe) bis € 5

Kontakt:
Ilse Platzer
ilse.platzer@kultur-burgenland.at
www.landesmuseum-burgenland.at

Das Landesmuseum Burgenland ist ein Universalmuseum, das über 10.000 Jahre Menschheitsgeschichte der Region zeigt. Es bildet das kulturelle und historische Gedächtnis des Burgenlandes. Die Dauerausstellungen zeigen zahlreiche Schätze burgenländischer Geschichte, Kultur und Identität. Die Geschichte und Traditionen des Burgenlandes werden lebendig, kreativ und zeitgemäß vermittelt und erklärt.

Barrierefreie Zugänglichkeit

Eingang: Stufenloser Haupteingang

Im Gebäude: Sonderausstellungsraum barrierefrei, Dauerausstellung im EG auch für Rollstuhlfahrer:innen zugänglich

In Ausstellungen: Sitzgelegenheiten in den Ausstellungsräumen, Leitsystem vorhanden

Wie Inhalte vermittelt werden

in Leichter Sprache: Alle Führungen auch in einfacher Sprache buchbar

als Hörtexte: Audio-App für Kinder vorhanden

multimedial: Audio-App für Kinder und Medienstationen in den diversen Ausstellungsräumen vorhanden

Inklusive Führungen und Angebote

Sensorische Vermittlungshilfen: Vereinzelt vorhanden

Das Wichtigste auf einen Blick

- ✓ Barrierefreier Eingang
- ✓ Ermäßigter Eintritt
- ✓ Barrierefreier Empfang
- ✓ Begleithunde erlaubt
- ✓ Barrierefreie WCs
- ✓ Spezialführungen/Angebote

Nähere Infos auf www.museumsguide.at

Landtechnik-Museum Burgenland

Schulstraße 2,
7535 St. Michael

Mo-So 9:00-12:00
und 13:00-17:00

€ 4 für Menschen mit Behindertenausweis

Kontakt:
info@landtechnikmuseum.at
www.landtechnikmuseum.at

Im Landtechnikmuseum Burgenland in St. Michael sind auf einer Ausstellungsfläche von 2.700m² rund 2.000 Exponate aus dem Alltag, aus der Arbeitswelt und dem Leben der Bauern aus vergangenen Zeiten zu sehen. Das Herzstück bildet die Traktorenhalle mit den Porscheschleppern. Schwerpunktbereiche wie die Modellhalle, die Haushaltsabteilung, der Handwerker-bereich, Standmotoren, Obst und Weinbau, Ackerbau, Grünland und Erntehalle bilden weitere Attraktionen. Die Ausstellung „Gelebte Gemeinschaft“ gibt Auskunft über das friedliche und freundschaftliche Zusammenleben der vier burgenländischen Volksgruppen.

Barrierefreie Zugänglichkeit

Eingang: Parkplatz direkt beim Museumseingang

Im Gebäude: WC

Inklusive Führungen und Angebote

Zielgruppenspezifische Führungen: Führungen nach Voranmeldung möglich

Das Wichtigste auf einen Blick

- ✓ Barrierefreier Eingang
- ✓ Ermäßigter Eintritt
- ✓ Barrierefreie WCs

Nähere Infos auf www.museumsguide.at

„Jeder soll und kann mit seinen Bedürfnissen berücksichtigt werden. Nicht die Art der Behinderung steht im Vordergrund, sondern die unterschiedlichen Bedürfnisse.“

Andreas Reichinger,
Senior Research Engineer/VRVis
Zentrum für Virtual Reality und Vis

Das Wichtigste im Überblick

Icons im Überblick

Barrierefreier Eingang

Ermäßigter Eintritt

Barrierefreier Empfang

Begleithunde erlaubt

Barrierefreie WCs

Taktile Orientierungshilfen

Verleih von Rollator/Rollstuhl

Barrierefreie Website

Spezialführungen/Angebote

Induktive Höranlage

Österreichisches Museumsgütesiegel

Hunger auf Kunst und Kultur: Gilt in Ihrer Institution der Kulturpass?

Abkürzungen:

UMJ = Universalmuseum Joanneum

Wien

Akademie der bildenden Künste Wien - Gemäldegalerie

Albertina

Albertina Modern

Architekturzentrum Wien

Belvedere 21

Dom Museum

Feuerwehrmuseum Wien

Globenmuseum und Esperantomuseum der ÖNB

Haus der Geschichte Österreich

Jüdisches Museum Wien Dorotheergasse

Jüdisches Museum Wien Judenplatz

Kaiserliche Schatzkammer Wien

Kaiserliche Wagenburg Wien

Klimt Villa Wien

KUNST HAUS WIEN Museum Hundertwasser

Kunsthalle Wien

Kunsthistorisches Museum Wien

Leopold Museum

Literaturmuseum der ÖNB

MAK – Museum für angewandte Kunst

Hunger auf Kunst & Kultur

Mozarthaus Vienna

Hunger auf Kunst & Kultur

mumok – Museum moderner Kunst Stiftung Ludwig Wien

Hunger auf Kunst & Kultur

Naturhistorisches Museum Wien

Hunger auf Kunst & Kultur

Oberes Belvedere

Hunger auf Kunst & Kultur

Österreichisches Filmmuseum

Hunger auf Kunst & Kultur

Prunksaal der ÖNB

Hunger auf Kunst & Kultur

Rapideum

Hunger auf Kunst & Kultur

Römermuseum - Wien Museum

Hunger auf Kunst & Kultur

Sigmund Freud Museum

Hunger auf Kunst & Kultur

Technisches Museum Wien

Unteres Belvedere

Viktor Frankl Museum Wien

Volkskundemuseum Wien

Weltmuseum Wien

Wien Museum Karlsplatz

Wien Museum MUSA

ZOOM Kindermuseum

„Inklusives Design hilft allen Menschen, einen Sachverhalt zu verstehen, ein Produkt zu nutzen oder eine Ausstellung mit Freude zu erleben. Der Versuch, diese Möglichkeiten für alle zu kreieren, bietet am Ende einen Mehrwert für jeden Einzelnen.“

Christoph Almasy,
Informationsdesigner

Niederösterreich

5-Elemente-Museum

Das Kunstmuseum Waldviertel

eumigMuseum

Hunger auf Kunst & Kultur

Erlauf erinnert Museum der Friedensgemeinde Erlauf

Franzensburg Museum

Karikaturmmuseum Krems

Hunger auf Kunst & Kultur

Krahuletz-Museum

Landesgalerie Niederösterreich

Hunger auf Kunst & Kultur

MAMUZ Museum Mistelbach

Hunger auf Kunst & Kultur

MAMUZ Schloss Asparn/Zaya

Michelstettner Schule

Museum Horn

Museum Niederösterreich

Museum St. Peter an der Sperr

nitsch museum

Römerstadt Carnuntum

Stadtmuseum Klosterneuburg

Stadtmuseum Tulln

Stillfried-Zentrum der Urzeit

Waldbauernmuseum Gutenstein

Weinviertler Museumsdorf Niedersulz

Hunger auf Kunst & Kultur

Wienerwaldmuseum Eichgraben

Oberösterreich

Ars Electronica Center

Hunger auf Kunst & Kultur

Heimathaus-Stadtmuseum Perg

KTM Motohall

Hunger auf Kunst & Kultur

Lentos Kunstmuseum Linz

Hunger auf Kunst & Kultur

Lern- und Gedenkort Charlotte-Taitl-Haus

Hunger auf Kunst & Kultur

Lern- und Gedenkort Schloss Hartheim

Museum Arbeitswelt

Museum in der Schule & Radiomuseum

Museum Innviertler Volkskundehaus

Museum Lauriacum

Museum Pregarten

Nordico Stadtmuseum Linz

OÖ. Literaturmuseum im StifterHaus

Salzburg

Bergbau- und Gotikmuseum Leogang

DomQuartier Salzburg

Keltenmuseum Hallein

Museum Bramberg

Museum der Moderne Salzburg Altstadt (Rupertinum)

Museum der Moderne Salzburg Mönchsberg

Neue Residenz - Salzburg Museum

Salzburger Freilichtmuseum

Stille Nacht Museum Hallein

Stille Nacht Museum im Pflegerschlössl

Torf Glas Ziegel Museum Bürmoos

Tirol

Alpinarium Galtür

Augustinermuseum Rattenberg

Heimatmuseum in der Widumspfiste

Heimatmuseum Ötztal

Hofkirche Innsbruck

Jenbacher Museum

Knappenwelt Gurgltal und die Heilerin vom Gurgltal

Hunger auf Kunst & Kultur

Museum der Völker

Hunger auf Kunst & Kultur

Museum im Zeughaus

Hunger auf Kunst & Kultur

Museum Rablhaus

Schloss Ambras Innsbruck

Hunger auf Kunst & Kultur

Stadtarchiv/Stadtmuseum Innsbruck

Hunger auf Kunst & Kultur

Tirol Panorama mit Kaiserjägermuseum

Hunger auf Kunst & Kultur

Tiroler Landesmuseum Ferdinandeum

Hunger auf Kunst & Kultur

Tiroler Volkskunstmuseum

Hunger auf Kunst & Kultur

Kultur für alle!

Der Kulturpass macht es möglich

Rund 1200 Kultureinrichtungen in Österreich sind solidarisch mit Menschen, die sich einen Kulturbesuch nicht leisten können.

Anspruch haben alle Personen, die unter der Armutsgefährdungsgrenze leben.

Weitere Informationen unter
www.hungeraufkunstundkultur.at

Die neue App!

Jetzt herunterladen auf Google Play und im App Store.

Initiiert 2003 von
Schauspielhaus Wien und
der Armutskonferenz

Hunger auf Kunst & Kultur

Vorarlberg

Frauenmuseum Hittisau

inatura - Erlebnis Naturschau Dornbirn

Jüdisches Museum Hohenems

Rhein-Schauen Museum und Rheinbähnle

Vorarlberg Museum

Kärnten

Kärnten Museum

Kärntner Botanikzentrum - Botanischer Garten Klagenfurt

Museum 1915-1918

Museum Liaunig

Museum Moderner Kunst Kärnten

Steiermark

Alte Galerie Schloss Eggenberg - UMJ

Archäologiemuseum Schloss Eggenberg - UMJ

Diözesanmuseum Graz

FRida & freD - Das Grazer Kindermuseum

Graz Museum

Graz Museum Schlossberg

KulturQuartier Leoben

Kunsthaus Graz - Universalmuseum Joanneum

Landeszeughaus - Universalmuseum Joanneum

Museum für Geschichte - Universalmuseum Joanneum

Museum Hartberg

Museum Murtal

Museum Pfeilburg Fürstenfeld

Museum Zeitroas

NaturLese-Museum Neumarkt

Neue Galerie Graz - Universalmuseum Joanneum

Schloss Eggenberg Prunkräume - UMJ

Steirisches Feuerwehrmuseum Kunst & Kultur

Stift Admont - Museum & Bibliothek

Südbahn Museum

Volkskundemuseum - UMJ

WinterSportMuseum Mürzzuschlag

Burgenland

Landesmuseum Burgenland

Landtechnik-Museum Burgenland

Spezialangebote

- in Leichter oder Einfacher Sprache
- für Menschen mit Sehbeeinträchtigung
- für Menschen mit Hörbeeinträchtigung
- Audioguides, Multimedia-Guides, Hörstationen
- für Menschen mit Demenzerkrankung

WIEN	Leichte/Einfache Sprache	Sehbeeinträchtigung	Hörbeeinträchtigung	Audioguides, Multimedia-Guides, Hörstationen	Demenzerkrankung
Akademie der bildenden Künste Wien Gemäldegalerie			✓		
Albertina		✓	✓	✓	
Albertina Modern		✓	✓	✓	
Architekturzentrum Wien	✓	✓			
Belvedere 21	✓	✓	✓	✓	
Dom Museum Wien	✓	✓		✓	✓
Feuerwehrmuseum Wien				✓	
Globenmuseum und Esperantomuseum der ÖNB				✓	
Haus der Geschichte Österreich	✓			✓	
Jüdisches Museum Wien Dorotheergasse			✓	✓	
Jüdisches Museum Wien Judenplatz		✓		✓	
Kaiserliche Schatzkammer Wien	✓	✓	✓	✓	✓
Kaiserliche Wagenburg Wien	✓	✓	✓	✓	✓
Klimt Villa Wien					
KUNST HAUS WIEN Museum Hundertwasser	✓	✓	✓	✓	

WIEN					
Kunsthalle Wien			✓		
Kunsthistorisches Museum Wien	✓	✓	✓	✓	✓
Leopold Museum				✓	
Literaturmuseum der ÖNB					
MAK – Museum für angewandte Kunst	✓	✓	✓	✓	✓
Mozarthaus Vienna				✓	
mumok – Museum moderner Kunst Stiftung Ludwig Wien			✓		
Naturhistorisches Museum Wien		✓		✓	
Oberes Belvedere	✓	✓	✓	✓	
Österreichisches Filmmuseum			✓		
Prunksaal der ÖNB				✓	
Rapideum					
Römermuseum - Wien Museum		✓	✓	✓	
Sigmund Freud Museum					
Technisches Museum Wien					
Unteres Belvedere	✓	✓	✓	✓	
Viktor Frankl Museum Wien				✓	
Volkskundemuseum Wien	✓	✓	✓	✓	
Weltmuseum Wien		✓	✓	✓	
Wien Museum Karlsplatz	✓	✓	✓	✓	
Wien Museum MUSA					
ZOOM Kindermuseum					

NIEDERÖSTERREICH					
5-Elemente-Museum		✓			
Das Kunstmuseum Waldviertel	✓	✓			
eumigMuseum				✓	
Erlauf erinnert Museum der Friedensgemeinde Erlauf					
Franzensburg Museum					
Karikaturmuseum Krems	✓			✓	
Krahuletz-Museum					
Landesgalerie Niederösterreich	✓			✓	
MAMUZ Museum Mistelbach					
MAMUZ Schloss Asparn/Zaya					
Michelstettner Schule		✓			
Museum Horn		✓		✓	
Museum Niederösterreich	✓	✓	✓	✓	
Museum St. Peter an der Sperr	✓			✓	
nitsch museum					
Römerstadt Carnuntum	✓	✓	✓	✓	
Stadtmuseum Klosterneuburg	✓				
Stadtmuseum Tulln				✓	
Stillfried-Zentrum der Urzeit		✓		✓	
Waldbauernmuseum Gutenstein	✓	✓			
Weinviertler Museumsdorf Niedersulz		✓			
Wienerwaldmuseum Eichgraben					

OBERÖSTERREICH					
Ars Electronica Center	✓	✓		✓	
Heimathaus-Stadtmuseum Perg	✓			✓	
KTM Motohall				✓	
Lentos Kunstmuseum Linz			✓		✓
Lern- und Gedenkort Charlotte-Taitl-Haus	✓	✓	✓	✓	
Lern- und Gedenkort Schloss Hartheim	✓	✓	✓	✓	
Museum Arbeitswelt	✓	✓	✓		✓
Museum in der Schule & Radiomuseum					
Museum Innviertler Volkskundehaus	✓	✓		✓	
Museum Lauriacum	✓	✓		✓	
Museum Pregarten					
Nordico Stadtmuseum Linz	✓	✓	✓		✓
OÖ. Literaturmuseum im StifterHaus					

SALZBURG					
Bergbau- und Gotikmuseum Leogang				✓	
DomQuartier Salzburg		✓	✓	✓	
Keltenmuseum Hallein	✓		✓		
Museum Bramberg		✓			
Museum der Moderne Salzburg Altstadt (Rupertinum)		✓		✓	✓
Museum der Moderne Salzburg Mönchsberg		✓		✓	✓

Neue Residenz - Salzburg Museum	✓	✓	✓	✓	
Salzburger Freilichtmuseum	✓	✓	✓		
Stille Nacht Museum Hallein	✓	✓	✓	✓	
Stille Nacht Museum im Pflegerschlössl				✓	
Torf Glas Ziegel Museum Bürmoos		✓		✓	

TIROL					
Alpinarium Galtür					
Augustinermuseum Rattenberg	✓			✓	
Heimatmuseum in der Widumspfiste	✓			✓	
Heimatmuseum Ötztal				✓	
Hofkirche Innsbruck	✓	✓		✓	
Jenbacher Museum	✓			✓	
Knappenwelt Gurgltal und die Heilerin vom Gurgltal					
Museum der Völker	✓	✓	✓	✓	
Museum im Zeughaus					
Museum Rablhaus		✓			✓
Schloss Ambras Innsbruck	✓	✓			
Stadtarchiv/Stadtmuseum Innsbruck				✓	
Tirol Panorama mit Kaiserjägermuseum	✓	✓	✓	✓	
Tiroler Landesmuseum Ferdinandeum		✓	✓		✓
Tiroler Volkskunstmuseum	✓	✓	✓	✓	

VORARLBERG					
Frauenmuseum Hittisau	✓	✓	✓	✓	✓
inatura - Erlebnis Naturschau Dornbirn	✓	✓		✓	✓
Jüdisches Museum Hohenems				✓	
Rhein-Schauen Museum und Rheinbähnle	✓				
Vorarlberg Museum					✓

KÄRNTEN					
Kärnten Museum	✓	✓	✓	✓	
Kärntner Botanikzentrum - Botanischer Garten Klagenfurt		✓			
Museum 1915-1918				✓	
Museum Liaunig					
Museum Moderner Kunst Kärnten					✓

STEIERMARK					
Alte Galerie Schloss Eggenberg UMJ	✓			✓	✓
Archäologiemuseum Schloss Eggenberg UMJ	✓	✓		✓	
Diözesanmuseum Graz					
FRida & freD Das Grazer Kindermuseum		✓		✓	
Graz Museum	✓	✓	✓	✓	
Graz Museum Schlossberg	✓	✓	✓	✓	
KulturQuartier Leoben	✓				

Kunsthaus Graz UMJ	✓	✓	✓	✓	✓
Landeszeughaus UMJ	✓	✓		✓	
Museum für Geschichte UMJ	✓	✓	✓		✓
Museum Hartberg	✓				
Museum Murtal		✓		✓	
Museum Pfeilburg Fürstenfeld					
Museum Zeitroas	✓			✓	
NaturLese-Museum Neumarkt					
Neue Galerie Graz UMJ	✓	✓	✓	✓	✓
Schloss Eggenberg Prunkräume UMJ	✓	✓	✓	✓	✓
Steirisches Feuerwehrmuseum Kunst & Kultur	✓		✓	✓	
Stift Admont Museum und Bibliothek				✓	
Südbahn Museum				✓	
Volkskundemuseum UMJ	✓	✓		✓	✓
WinterSport Museum Mürzzuschlag				✓	

BURGENLAND					
Landesmuseum Burgenland	✓			✓	
Landtechnik-Museum Burgenland					

Register Museen

WIEN

NIEDERÖSTERREICH

OBERÖSTERREICH

SALZBURG

TIROL

VORARLBERG

KÄRNTEN

STEIERMARK

BURGENLAND

FOTOCREDITS

COVERFOTO: Jason Brownrigg/MoMA

FOTOS: Seite 6: Katharina Gossow; Seite 8: Stefan Oláh; Seite 10: Museum Moderner Kunst Kärnten; Seite 11: VRVis; Seite 12: Dom Museum Wien/Josef Parak; Seite 13: Neue Residenz/Salzburg Museum; Seite 15-16: VRVis; Seite 18: capito; Seite 20: Gedenkort Charlotte-Taitl-Haus/Doris Prenn; Seite 27: Heidi Horten Collection; Seite 31: Thomas Topf & Barbara Essl; Seite 32: Nora Ruzsics; Seite 33: Aleksandar Djordjevic/Street Art Belgrade; Seite 34: Zero Project; Seite 36: Jason Brownrigg/MoMA; Seite 37: Manchester Museum & capito; Seite 38: KHM-Museumsverband; Seite 39: Wiener Konzerthaus/Igor Ripak; Seite 42-43: Akademie der bildenen Künste Wien Gemäldegalerie/Matthias Ullrich; Seite 44-46: Albertina/Harald Eisenberger; Seite 47&49: Albertina Modern/Rupert Steiner, Seite 50-51: Architekturzentrum Wien; Seite 28&52-54: Belvedere Wien/Lukas Schaller; Seite 54: Belvedere Wien/Ouriel Morgensztern; Seite 56&58: Dom Museum Wien; Seite 59-60: Feuerwehrmuseum Wien; Seite 61-62: Globenmuseum und Esperantomuseum der ÖNB; Seite 63-65: Haus der Geschichte Österreich; Seite 66-67: Jüdisches Museum Wien Dorotheergasse/wulz.cc; Seite 68-69 Jüdisches Museum Wien Judenplatz/Sonja Bachmayer; Seite 70-72: KHM-Museumsverband; Seite 74-76: Kaiserliche Wagenburg Wien; Seite 77-78: Klimt Villa Wien/Robert Schaller; Seite 79-81: KUNST HAUS WIEN Museum Hundertwasser/Paul Bauer; Seite 82-83: Kunsthalle Wien/Stephan Wyckoff; Seite 84-86: KHM-Museumsverband; Seite 88-89: Leopold Museum/Koller; Seite 90-91: Literaturmuseums der ÖNB; Seite 92-94: MAK/Leonhard Hilzensauer; Seite 95-96: Mozarthaus Wien/David Peters; Seite 97-99: mumok/Rainer Mirau; Seite 100-101: KHM-Museumsverband; Seite 102-104: Oberes Belvedere/ Lukas Schaller; Seite 104: Oberes Belvedere/Julia Haimburger; Seite 105-106: Österreichisches Filmmuseum, Seite 107-108: Prunksaal der ÖNB; Seite 109-110: Rapideum; Seite 111-113: Römermuseum-Wien Museum/Lisa Rastl; Seite 113: Römermuseum-Wien Museum/Schellenbacher; Seite 114-115: Sigmund Freud Privatstiftung/ Hertha Hurnaus; Seite 116-117: Technisches Museum Wien; Seite 118-120: Belvedere Wien/Lukas Schaller, Seite 121-122: Viktor Frankl Museum Wien/Apollonia Theresa Bitzan; Seite 123-125: Volkskundemuseum Wien/ Matthias Klos; Seite 126-128: Weltmuseum Wien; Seite 129-131: Wien Museum Karlsplatz/Certov Winkler Ruck; Seite 132-133: Wien Museum MUSA/Klaus Pichler; Seite 134-135: ZOOM Kindermuseum; Seite 138-139: 5-Elemente-Museum/Dominik Stixenberger; Seite 140-141: Das Kunstmuseum Waldviertel/Idea; Seite 142-43: Erlauf erinnert, Museum der Friedensgemeinde Erlauf; Seite 144-145: eumig Museum/Uschi Seemann; Seite 146-147: Franzensburg Museum; Seite 148-149: Karikaturmuseum Krems/Christian Redtenbacher; Seite 150-151: Krahuletz Museum; Seite 152-153: Landesgalerie Niederösterreich/Raffael F. Lehner; Seite 154-155: MAMUZ; Seite 156-157: MAMUZ/ Atelier Olschinsky; Seite 158-159: Michelstettner Schule; Seite 160-161: Museum Horn; Seite 162-164: Museum Niederösterreich/Klaus Engelmayer; Seite 166-167: Museum St. Peter an der Sperr/M. Weller; Seite 168-169: nitsch Museum/Manfred Thumberger; Seite 170-172: Römerstadt Carnuntum/Atelier Olschinsky; Seite 174-175: Stadtmuseum Klosterneuburg; Seite 176-177: Stadtmuseum Tulln; Seite 178-179: Stillfried-Zentrum der Urzeit, Seite 180-181: Waldbauernmuseum Gutenstein; Seite 182-183: Weinviertler Museumsdorf Niedersulz/Roman Jandl; Seite 184-185: Wienerwaldmuseum Eichgraben; Seite 188-189: Ars Electronica Center/Nicolas Ferrado&Lois Lammerhuber; Seite 190-191: Heimathaus-Stadtmuseum Perg; Seite 192-193: KTM Motohall/Sebas Romero; Seite 194-196: Lentos Kunstmuseum Linz/mascheks; Seite 198-199: Lern- und Gedenkort Charlotte-Taitl-Haus; Seite 200-202: Lern- und Gedenkort Schloss Hartheim/Manfred Scheucher-www.voll-fotograf.at; Seite 203-205: Museum Arbeitswelt; Seite 206-207: Museum in der Schule & Radiomuseum; Seite 208-209: Museum Innviertler Volkskundehaus; Seite 210-211: Museum Lauriacum; Seite 212-213: Museum Pregarten; Seite 214-215: Nordico; Seite 216: OÖ. Literaturmuseum im Stifter Haus; Seite 220-221: Bergbau- und Gotikmuseum Leogang; Seite 222-224: DomQuartier Salzburg; Seite 226-227: Keltenmuseum Hallein/Andreas Hechenberger; Seite 228-229: Museum Bramberg; Seite 230-232: Museum der Moderne Salzburg/Katharina Maximoff; Seite 233-235: Museum der Moderne Salzburg/Marc Haader; Seite 236-238: Neue Residenz Salzburg Museum/Bianca Würger; Seite 239-240: Salzburger Freilichtmuseum; Seite 241-243: Stille Nacht Museum Hallein/Jürgen Grünwald; Seite 244-245: Stille Nacht Museum im Pflegerschlössl/Kunstverlag Peda; Seite 246-247: Torf Glas Ziegel Museum Bürmoos; Seite 250-251: Alpinarium Galtür; Seite 252-253: Augustinermuseum Rattenberg; Seite 254-255: Heimatmuseum in der Widumspfiste/HMV Fügen; Seite 256-257: Heimatmuseum Ötztal; Seite 258-259: Hofkirche Innsbruck; Seite 260-261: Jenbacher Museum; Seite 262-263: Knappenwelt Gurgltal/Ulses; Seite 264-265: Museum der Völker; Seite 266-267: Museum im Zeughaus; Seite 268-269: Museum Rablhaus; Seite 27&270-271: KHM-Museumsverband; Seite 272-273: Stadtarchiv/Stadtmuseum Innsbruck; Seite 274-275: Tirol Panorama mit Kaiserjägermuseum/Maria Kirchner; Seite 28&276-278: Tiroler Landesmuseum Ferdinandeum/Maria Kirchner; Seite 279-281: Tiroler Volkskunst-museum; Seite 284-286: Frauenmuseum Hittisau/Angela Lamprecht; Seite 288&289: inatura/Dietmar Walser; Seite 290-291: Jüdisches Museum Hohenems; Seite 292-293: Rhein-Schauen Museum und Rheinbähnle; Seite 294-295: Vorarlberg Museum/G. König; Seite 298-300: Kärnten Museum; Seite 301-302: Kärntner Botanik-zentrum; Seite 304-305: Museum 1915-1918; Seite 306-307: Museum Liaunig; Seite 308-309: Museum Moderner Kunst Kärnten; Seite 312-313: Alte Galerie Schloss Eggenburg UMJ/N. Lackner; Seite 314-315: Archäölogiemuseum Schloss Eggenburg UMJ/N. Lackner; Seite 316-317: Diözesanmuseum Graz; Seite 318-319: FRida & freD Das Grazer Kindermuseum/Harry Schiffer; Seite 320-322: Graz Museum; Seite 321: Graz Museum/Silvia Hödl; Seite 324-326: Graz Museum Schlossberg/Sebastian Reiser; Seite 327-328: KulturQuartier Leoben; Seite 330-332: Kunsthaus Graz UMJ/ N. Lackner; Seite 333-334: Landeszeughaus UMJ/N. Lackner; Seite 335&336: Museum für Geschichte UMJ/N. Lackner; Seite 337-338: Museum Hartberg; Seite 339-340: Museum Murtal; Seite 341-342: Museum Pfeilburg Fürstenfeld; Seite 343-344: Museum Zeitroas; Seite 345-346: NaturLese-Museum Neumarkt/ Naturpark Zirbitzkogel-Grebenzen_tricky_pics.; Seite 347-349: Neue Galerie Graz UMJ/J. J. Kucek; Seite 350-352: Schloss Eggenburg P runkräume UMJ/zepp®cam.at 2010; Seite 353-354: Steirisches Feuerwehrmuseum Kunst & Kultur; Seite 355-356: Stift Admont/Stefan Leitner; Seite 357-358: Südbahn Museum/Harry Schiffer; Seite 359-361: Volkskundemuseum UMJ/J. J. Kucek; Seite 362-363: WinterSport Museum Mürzzuschlag; Seite 366-367: Landesmuseum Burgenland; Seite 368-369: Landtechnik-Museum Burgenland, beigestellt

Impressum

MEDIENINHABER: MN Anzeigenservice GmbH
1110 Wien, Brehmstraße 10/4. OG
Tel.: +43/1/919 20-0, www.medianet.at
HERAUSGEBER: Doris Rothauer, Germanos Athanasiadis
ASSISTENTIN DES HERAUSGEBERS: Victoria Wölfel
KOOPERATIONSPARTNER: Essl Foundation, ICOM Österreich
REDAKTION: Doris Rothauer, Karolin Galter
REDAKTION ICOM ÖSTERREICH: Jasmin Ofner
GRAFISCHES KONZEPT: Christoph Almassy, Lilo Werbach
GRAFISCHE PRODUKTION: Lilo Werbach
DATENAUFBEREITUNG: Oliver Werbach
VERLAGSLEITUNG GUIDES: Michael Stein
ANZEIGENVERKAUF: Erich Danneberg, Michael Stein, Werner Hascher,
Thomas Parger, GreilMedia
MARKETING & VERTRIEB: Alexandra Otto
DRUCK: Bauer Medien Produktions- & Handels-GmbH
1030 Wien, Baumannstrasse 3/19
VERTRIEB: Medienlogistik Pichler-ÖBZ GmbH & Co KG
IZ-NÖ Süd, Straße 1, Objekt 34, 2355 Wr. Neudorf
BESTELLUNG: www.medianet.at oder Tel.: +43/1/919 20-2152